KB023222

မင်္ဂလာပါ မြန်မာစကား

밍글라바

중/급/미/얀/마/어

생활편 · 비즈니스편

asianhub
(주)아시안허브

발 간 사

통계청이 발표한 '2015 인구주택총조사'에 따르면 지난해 국내 다문화 가정의 수는 29만 9000가구로, 1911만인 전체 가구의 1.6%를 차지했습니다. 가구원(인구)수로는 88만8000명으로 전체 인구의 1.7% 수준입니다. 우리사회의 약 2%가 다문화 가정인 셈입니다.

다문화가정 중 다문화 대상자(결혼이민자, 귀화자)는 29만2000명으로 지역별로는 경기(29.4%), 서울(23.1%)에 주고 거주하고 있습니다.

국적별로는 중국(한국계)이 10만3000명(35.1%)으로 가장 많았고, 베트남 6만1000명(21.1%), 중국 5만9000명(20.3%) 순으로 나타났습니다.

5년 전보다 증감률이 큰 국적은 미얀마가 4000명에서 1만8000명으로 322.8% 급증했고, 캄보디아(1.1만 명→4.1만 명), 네팔(0.9만 명→2.9만 명)도 증가율이 컸습니다.

아시안허브는 이렇게 새롭게 급증하고 있는 미얀마, 캄보디아, 네팔 등의 언어와 문화를 한국사회에 알리는데 집중하고 있습니다. 그 중심에는 다문화가정 구성원들이 있지만 그 외에도 유학생, 외국인 근로자 등이 하나 되어 한국사회에 적응하면서 자국을 한국에 알리고자 최선을 다하고 있습니다.

이 교재는 연세대학교 박사과정 미얀마 웨노에 흐닌 쏘 저자가 미얀마에 관심 있는 한국인들을 직접 인터뷰하면서 이들에게 꼭 필요한 내용으로 구성하였습니다. 현재 이 내용들은 모두 아시안허브 온라인캠퍼스 아시안랭귀지(http://asianlanguage.kr)를 통해 동영상으로 수강할 수 있습니다.

이 책이 미얀마와 한국의 교류에 많은 도움이 되길 바라며 개발단계에서부터 발간까지 많은 도움을 주신 외부 자문단 및 내부 스탭 여러분들께 깊은 감사를 드립니다.

2016. 09.

아시안허브 대표이사 **최 진 희**

머 리 말

밍글라바! 안녕하세요!

짜마 나메 웨 노에 흐닌 쏘 빠. 〈제 이름은 웨 노에 흐닌 쏘입니다.〉
현재 연세대학교 국어국문학과 박사 학위 논문을 준비하고 있습니다.
〈밍글라바 기초 미얀마어〉를 출판하고 어느새 두 번째 책인 〈밍글라바 중급 미얀마어〉 출판
을 앞두고 있습니다. 한국어 교육을 전공한 덕에 교육에 대한 관심과 교재 개발에 대한 남
다른 열정을 품게 되었습니다. 저는 '외국어로서의 한국어 교육'을 연구하는 동시에, '외국
어로서의 미얀마어 교육을 어떻게 해야 할까' 라는 생각을 화두(話頭)로 가지고 있습니다.

이 책은 미얀마어 중급 수준으로 구성되어 있으며 미얀마에서 장기간 체류 시 접하게 될 주
제를 분석하여 집필하였습니다. 미얀마에서 생활하는 한국인 대부분은 외교부 관계자 아니면
자영업이나 비즈니스를 목적으로 하는 분들이 많습니다. 이런 점을 고려하여, '생활편'은
일상회화 위주로 정리하는 한편, 미얀마에서의 기업 운영과 관련한 내용은 '비즈니스편'에
실었습니다.

'생활편'은, 미얀마에 정착하여 살기 위해 꼭 필요한 일들을 헤아려 정착 초기 집구하기, 또는 집 장식하기, 출입국관리사무소에 신고하기 등으로 정리했습니다.

'비즈니스편'은 비즈니스 관계를 맺기 위해 기업의 고위 관계자에게 메일을 보내는 것부터 직접 찾아가 면담하는 요령, 진출 시 마케팅 시장조사 및 전시하기, 회사 광고 디자인하기 등으로 구성하였습니다.

또한 타지에서 생활할 때 제일 어려운 의사소통 문제를 해결하기 위해 반드시 필요한 어학연수 과정은 미얀마 양곤시에 있는 외국어대학교에서 진행하는 '외국인을 위한 미얀마어'라는 교재를 참고하여 내용을 구성하였습니다.

〈밍글라바 중급 미얀마어〉는 〈밍글라바 기초 미얀마어〉의 후속편으로 나왔기 때문에 기초 과정을 확실하게 숙지했다면 중급 미얀마어 교재는 쉽게 따라갈 것입니다. 미얀마어를 배우려는 학습자들에게 조금이나마 도움이 되었으면 합니다.

교재 편집 및 출판에 도움을 주신 아시안허브 출판팀에 감사드립니다.

2016. 08. 30.
저자 웨 노에 흐닌 쏘 (선우) 씀

이 책의 특징

1. 이 책은 미얀마어 원어민이 직접 촬영한 동영상 강의와 같이 볼 수 있게 만들었습니다.

학원에 갈 시간이 없는 직장인들이나 향후 미얀마에 진출할 예정인 학습자들이 시간과 공간의 제약 없이 동영상 강의와 이 교재만 있으면 전 세계 어디서나 미얀마어를 배울 수 있도록 만들었습니다. 이 책의 문법은 현재 미얀마 내 중·고등학교에서 실제 교재로 활용하고 있는 문법책을 참고하여 제작하였으며, 문법에 관련된 예시 회화 또한 생생하게 살아있는 내용으로 구성하였습니다.

2. 이 책에서 언급한 문법과 문법 관련 연습 부분은 실제 미얀마 사람들이 소통하는 어법으로 구성하였고, 미얀마 내 장기 체류 시 반드시 필요한 상황을 예로 들었습니다.

그리고 본문 회화 내용은 오로지 미얀마어로만 제시하고 부록 부분에서만 본문 내용 해석을 실었습니다.

3. 이 책으로 미얀마어 공부를 하면 따로 시간을 내서 학원에 가지 않아도 되도록 구성했습니다.

각 단원마다 관련 단어 정리, 문법 정리 및 연습하기까지 있어서 독학에 적합하고, 동영상을 보면서 원어민의 발음을 직접 확인할 수 있습니다.

4. 누가 이 책으로 공부할 수 있는가?

앞서 밝혔듯이 '밍글라바 기초 미얀마어'를 배운 학습자면 쉽게 터득할 수 있을 겁니다. '밍글라바 기초 미얀마어'편을 공부하지 않았더라도 미얀마어 기초를 학습한 이라면 이 책으로 중급 단계를 학습할 수 있습니다.미얀마 내에서 생활할 때 바로 활용할 수 있으며 비즈니스나 취업을 목적으로 하는 학습자에게도 적합한 교재입니다.

5. 이 책은 어떤 내용으로 구성되어 있는가?

목차에서도 확인할 수 있듯이, 생활편과 비즈니스편으로 구성되었습니다. 미얀마 내 장기 체류 시 꼭 필요한 생활 회화와 비즈니스 대화를 동영상과 교재로 학습하면서 듣기 실력을 향상할 수 있습니다. 본문 회화 내용에는 한글 발음이 표시되어 있지 않아서 읽기 훈련도 할 수 있습니다. 동영상을 보면서 따라할 수 있으며 배운 내용을 그때그때 연습할 수 있도록 각 단원의 마지막 부분에 쓰기 연습을 배치했습니다.

6. 이 책과 책 관련된 동영상을 어떻게 활용할 수 있는가?

동영상은 한 단원 당 30~40분 정도이며, 문법 설명 후 연습문제 단계에서 학습자가 스스로 자신의 학습 상태를 파악할 수 있습니다. 하루에 30분 정도만 꾸준히 투자한다면 자기도 모르는 사이에 미얀마어 실력이 부쩍 늘어난 것을 확인할 수 있습니다.

미얀마어

미얀마어(버마어)는 미얀마의 공용어입니다. 3,300만 명 정도가 미얀마어를 사용하고 있습니다. 미얀마어는 미얀마 연방 공화국과 미얀마 사람들(미얀마 국적을 가진 소수 민족과 화교 포함)의 거주 지역인 태국, 중국에서 주로 씁니다. 미얀마어는 공식적으로는 '미얀마어(Myanmar Language)'라고 쓰지만 서양 국가에서는 종종 미얀마의 옛 명칭인 버마를 본떠서 '버마어(Burmese Language)'라고 표기하기도 합니다.

미얀마어는 주어-목적어-서술어(SOV)의 어순으로 이루어져 있으며 성조를 가진 언어입니다. 문자는 고대 몬어에서 유래되었고, 어휘는 팔리어(Pali Language)를 차용하는 경우가 많습니다. 언어 계통으로는 시노-티베트어족에 속하며 이 중에 티베트버마어파에 속해 있습니다.

이 책의 짜임새

이 책은 미얀마어를 처음으로 접하는 초급 단계 교재 〈밍글라바 기초 미얀마어〉에 이어 나온 중급 단계 교재입니다. 중급 교재이지만 고급 첫 단계까지 학습할 수 있도록 만들었습니다.

중급 단계 교재 〈밍글라바 중급 미얀마어〉는 생활편과 비즈니스편으로 나누어 구성했습니다.

생활편에는, 미얀마에서 장기 체류할 때 일상생활에 큰 도움이 될 내용을 담았습니다.

비즈니스편은, 한국인이 미얀마 사람들과 사업을 진행할 때 필요한 표현들로 구성했습니다. 광고 및 홍보, 이메일 쓰기와 비즈니스 대면 시 반드시 필요한 대화 형식을 포함하였습니다. 또한 비즈니스 미팅 시 문화와 정서가 다른 두 나라 간에 유의해야 할 팁도 넣었습니다.

⬤ **교재 인물** ဇာတ်လိုက်များ

이민호	미 미	우아웅쉐	흘라흘라	직원
(한국인)	(미얀마인-여자)	(쉐 회사 회장)	(쉐 회사 비서)	
လီမင်းဟို	မိမိ	ဦးအောင်ရွှေ	လုလု	ဝန်ထမ်း
(ကိုရီးယားလူမျိုး)	(မြန်မာလူမျိုး)	(ရွှေ ကုမ္ပဏီ အမှုဆောင်ချုပ်)	(ရွှေ ကုမ္ပဏီပိုင်ရှင် အတွင်းရေးမှုး)	

○ 생활편

단원의 본문
〈패턴회화〉

본문에서 다룰 회화를 미얀마 사람들이 실제로 사용하는
말로 살펴본다.

〈예시 : 이민호와 미미의 대화〉

လိမင်းဟို   ဟယ်လို၊ မိမိရေ၊ ကျွန်တော် နောက်တစ်ပတ် မြန်မာပြည်ကို ပြန်လာမယ်။

မိမိ   မစ္စတာလီ၊ နေကောင်းလား။ တကယ် ပြန်လာမှာပေါ့နော်။

လိမင်းဟို   ဟုတ်ကဲ့။ တကယ် ပြန်လာမှာပါ။

မိမိ   အရင်နှစ်က မစ္စတာလီ နေခဲ့တဲ့ တိုက်အိမ်ကို ပြန်ငှားဦးမလား။

어휘
〈명사/동사〉

본문에서 나온 단어들이 유형별로 정리되어 있다.

문법

본문에서 나온 중요한 문법을 일상생활에서 바로 사용할
수 있도록 구성하였다.

연습

본문에서 나온 문법을 완벽하게 익히기 위해 학습자가
스스로 풀 수 있는 연습 문제를 제시하였다.

문화 엿보기

각 단원의 회화 내용을 중심으로 미얀마의 문화를 잠시
엿볼 수 있다. 언어에는 그 나라의 문화와 정서가 들어
있기 때문에 언어를 학습할 때 문화도 같이 학습할 필요
가 있다.

비즈니스편

〈비즈니스편〉은 미얀마에 들어가 업무를 할 예정이거나 미얀마 기업의 고위 간부와 면담 시 사용할 수 있는 대화로 구성하였다.

진출 초기 면담하기 및 현지인 기업과 협력하기, 진출 후 기업의 광고 및 운영, 제품 전시하기, 파트너 기업과의 인간관계 및 직원들과의 관계 형성하기의 세 부분으로 구성하였다.

단원의 본문 〈패턴회화〉

본문 용어 익히기

본문에 사용된 용어를 주로 다루었다.

본문 관련 문법 이해하기

본문에 나온 중요한 문법을 바로 사용할 수 있도록 구성하였다.

본문을 읽고 이해하기

본문에 나온 문법 및 상황을 완벽하게 이해했는지 확인하기 위해 예제를 제시하였다.

contents
목 차
မာတိကာ

contents

목 차
မာတိကာ

contents
목 차
မာတိကာ

미얀마어 중급
생활편

မင်္ဂလာပါ
မြန်မာစကား

အခန်း ၁

မမီမီရေ၊ နောက်တစ်ပတ် မြန်မာပြည်ကို ပြန်လာမယ်။

미미 씨, 저 다음 주에 미얀마에 갑니다 (정보 알리기)

이민호와 미미가 통화를 한다

လီမင်းဟို	ဟယ်လို၊ မမီမီရေ၊ ကျွန်တော် နောက်တစ်ပတ် မြန်မာပြည်ကို ပြန်လာမယ်။
မီမီ	မစ္စတာလီ၊ နေကောင်းလား။ တကယ် ပြန်လာမှာပေ့ါနော်။
လီမင်းဟို	ဟုတ်ကဲ့။ တကယ် ပြန်လာမှာပါ။
မီမီ	အရင်နှစ်က မစ္စတာလီ နေခဲ့တဲ့ တိုက်အိမ်ကို ပြန်ဌားဦးမလား။
လီမင်းဟို	နေပါစေ။ ကျွန်တော် ဒီတစ်ခါ မြို့ထဲဘက် ကြည့်မြင်တိုင်ရပ်ကွက်မှာ နေကြည့်မလားလို့။
မီမီ	ကောင်းတာပေ့ါရှင်။ ကမ်းနားလမ်းဘက်နဲ့ နီးတော့ ကောင်းတာပေ့ါ။
လီမင်းဟို	ကျွန်တော် ရန်ကုန် ရောက်တော့မှ အိမ်ဌားလိုက်ကြည့်မယ်။
မီမီ	အိုကေပါ။ ကျွန်မ စုံစမ်းထားလိုက်ပ့ဲမယ်။

22

단어표현

▲ 동사　● 형용사　★ 명사　◆ 부사　♣ 표현

တိုက်ခန်း	★ 아파트	ငှားသည်	▲ 빌리다
ကွန်ဒိုမီနီယမ်	★ 콘도	ပြန်သည်	▲ 돌아가다
လုံးချင်းအိမ်	★ 주택	စပေါ်ငွေ ပေးသည်	▲ 보증금 주다
ရပ်ကွက်	★ 동네(00동)	စုံစမ်းသည်	▲ 알아보다
နေပါစေ	♣ Let it be; don't worry	ကြီးသော	● 큰
အိုကေပါ	♣ 괜찮아요	ငယ်သော	● 작은(나이, 사이즈)
အဆင်ပြေပါတယ်	♣ 만사 오케이	သေးသော	● 작은(크기)
အေးဆေးပါ	♣ 괜찮다♥	များသော	● 많은

♥ 어떤 일을 할 때 그 일이 쉽고 그리 어렵지 않다고 할 때 사용한다.
"나에게는 그 일이 쉽다/용이하다"고 표현함.

문법과 활용　သဒ္ဒါနှင့် အသုံးများ

① [~~되+동사] – [ပြန် + 동사] [다시/되돌아/반복적인 행위]

[ပြန် + 동사] 동사접두사(Pre verb) 중 하나이며 주요 동사를 '되돌아, 다시, 반복적으로' 한다는 의미를 가지고 있다.

(1) မနေ့က မြန်မာကို ပြန်သွားပြီ။ 어제 미얀마에 (되)돌아갔어요.
(2) စာမေးပွဲကို ပြန်ဖြေတယ်။ 시험을 다시 봤어요. 〈재시험〉
(3) ပြန်ရှင်းပြပေးပါ။ 다시 설명해주세요.
(4) ပြန်လုပ်လာပါ။ 〈어떤 일을 작업할 때 잘 안 될 경우〉 다시 해오세요.

② [동사+두다/놓다] – [동사 + ထားတယ်]

[동사 + ထားတယ်]는 동사 뒤에 ထား 를 연이어 어떤 행위를 해놓았다는 의미를 가진다.

(1) ကြိုတင် စုံစမ်းထားတယ်။ 미리 알아두었어요.
(2) ကြိုတင် လေ့လာထားတယ်။ 예습해 두었어요.
(3) ပြင်ဆင်ထားတယ်။ 준비해 놓았어요.
(4) ထမင်း ချက်ထားတယ်။ 요리해 두었어요.

A 바꿔 말해보세요.

(1) စာမေးပွဲ ကျတယ်။ 시험에 떨어졌어요. / 시험을 다시 보세요.

▶ စာမေးပွဲ ပြန်ဖြေပါ။
_____

(2) နားမလည်ဘူး။ 이해되지 않습니다. / 다시 설명해 주세요.

▶
_____

(3) အိမ်စာက မမှန်ဘူး။ 숙제가 잘못됐어요. / 다시 해오세요.

▶
_____

(4) ထမင်း မကျက်ဘူး။ 밥이 잘 안 됐어요. / 밥을 다시 지으세요.

▶
_____

B 보기와 같이 대화를 완성하세요.

(1) မနက်ဖြန် မနက် နိုင်ငံခြား ခရီးစဉ် သွားရမယ်။ (ဟိုတယ်ကို ကြိုတင် ဘွတ်ကင်လုပ်ထားပါ။)

내일 아침에 해외 출장을 가야 해요. / 호텔을 미리 예약해 놓으세요.

▶ ဟိုတယ်ကို ကြိုတင် ဘွတ်ကင် လုပ်ထားပါ။
_____

(2) ကော်ဖီ ဖျော်သောက်မလို့။ (ရေနွေးတည် _ 물을 끓이다)

커피를 마시려고요. / 물을 끓여 놓으세요.

▶
_____

(3) မနက်ဖြန် presentation ရှိတယ်။ (ကြိုတင် ပြင်ဆင်ထား _ 준비해 놓다)

내일 발표가 있어요. / 준비를 해놓으세요.

▶
_____

(4) ရေကူးမယ်။ (သွေးပူ လေ့ကျင့်ခန်း _ 준비운동)

수영을 할 거예요. / 준비운동을 해

▶
_____

한국에서 미얀마로 연락할 때 주로 많이 사용하는 통신은 바로 국제전화이다. 이 메일은 확인하지 않는 경우가 종종 있기 때문이다.

비즈니스 목적이든 개인적으로든 전화를 걸어야 하는 상황이 있다. 요즘 한국은 카카오톡이나 라인(Line) 메신저 앱을 깔아 서로 연락을 하지만 미얀마는 바이버 (Viber)앱이나 위채팅(we chat)을 많이 사용한다. 미얀마는 통신 상황이 워낙 좋지 않기 때문에 무료 제공한 카카오톡이나 바이버로 통화하는 게 원활하지 않다. 한편 미얀마는 인터넷 전화나 일반 전화는 요금제가 비싸기 때문에 국제전화 카드를 많이 사용한다. 국제전화 카드에 적힌 번호로 충전하고 정해진 시간에 맞게 국제전화를 하면 되는데 앞서 말했듯 다른 나라보다 통신 환경이 좋지 않아서 다른 나라 사용자와 똑같은 요금을 지불하고도 실제 통화 시간은 절반 정도밖에 안 된다. 예를 들면, 다른 나라의 경우 200분을 사용한다면 미얀마는 80~100분 정도만 사용할 수 있다. 그러나 요즘에는 미얀마도 점차 통신 사정이 좋아지고 있어 150분 정도로 늘어가고 있다.

한국 내에 체류하는 미얀마 사람들도 대부분 충전용 국제전화 카드를 사용한다. 비즈니스 목적이라면 이메일로 연락하는 것보다 국제전화 카드를 사용하면 저렴하고 편리하게 연락을 취할 수 있을 것이다.

အခန်း ၅ ဌားချင်ပါတယ်။

아파트를 임대하고 싶어요 (알아보기)

이민호와 미미가 부동산 주인아주머니 도찌를 찾아가 아파트를 임대한다

မီမီ	ကျွန်မ ကြိုတင်စုံစမ်းထားတဲ့ အိမ်ခြံမြေ အကျိုးဆောင် ဒေါ်ကြည်ပါ။
ဒေါ်ကြည်	မင်္ဂလာပါ။ မစ္စတာလီ၊ မီမီက ကြိုပြောထားပါတယ်။ ဘယ်လို အိမ် အမျိုးအစား ကြည့်ချင်လဲ။ လုံးချင်းအိမ်လား။ တိုက်ခန်းလား။
လီမင်းဟို	ဟုတ်ကဲ့ တိုက်ခန်းပါ။ ၂နှစ် စာချုပ်နဲ့၊ အိပ်ခန်း ၃ခန်း ပါတဲ့ အခန်း ကြည့်ချင်ပါတယ်။
ဒေါ်ကြည်	ဟုတ်ပြီလေ။ ကျွန်မတို့ ရုံးနဲ့ နှစ်လမ်းကျော်မှာ တိုက်ခန်းလွတ် ရှိပါတယ်။ အခု တစ်ခါတည်း သွားကြည့်မယ်လေ။
လီမင်းဟို	ဒီ တိုက်ခန်းလား။ အဆင်ပြေတယ်။ ၂နှစ်စာချုပ် ချုပ်ချင်တယ်။ တစ်လကို ဘယ်လောက်လဲ။ နောက်ပြီး စာချုပ်ကို မြန်မာ သူငယ်ချင်း နာမည်နဲ့၊ စာချုပ် ချုပ်မယ်နော်။
ဒေါ်ကြည်	မြန်မာ သူငယ်ချင်း နာမည်နဲ့၊ စာချုပ် ချုပ်လို့ ရပါတယ်။ ဈေးနှုန်းကတော့ ခုနက ကျွန်မ ပြောထားတာနဲ့၊ အတူတူပဲ။
လီမင်းဟို	နည်းနည်းတော့ လျှော့ပေးပါခင်ဗျာ။ ကျွန်တော် ၂ နှစ်တောင် ချုပ်မှာပါ။
ဒေါ်ကြည်	ကောင်းပြီလေ။ နည်းနည်းပါးပါး လျှော့ပေးပါမယ်။

26

단어표현

▲ 동사　● 형용사　★ 명사　◆ 부사　♣ 표현

အိမ်ခြံမြေအကျိုးဆောင်	★ 부동산	တစ်ခါတည်း	◆ 한꺼번에
အမျိုးအစား	★ 종류	နည်းနည်းပါးပါး	● 약간의, 조금의, 경미한
စာချုပ်	★ 계약	အလွတ်	● 빈(공허한)
ကြိုတင်စုံစမ်းသည်	▲ 미리 알아보다	ကျယ်သော	● 넓은
စာချုပ် ချုပ်ဆိုသည်	▲ 계약을 맺다	ကျဉ်း(မြောင်း)သော	● 좁은
စာချုပ် ဖောက်ဖျက်သည်	▲ 계약을 파기하다	ပြောထားသော	● 얘기해 놓은
လျှော့သည်	▲ 깎다	ကြည့်လုပ်ပေးပါ။	♣ 알아서 해주세요
လျှော့ပေးသည်	▲ 깎아주다	အသိသက်သေ ရှိပါတယ်။	♣ 보증인이 있어요

문법과 활용　သဒ္ဒါနှင့် အသုံးများ

① [명사+တောင်] [နာမ် + တောင်] 조차/ 만큼, …정도, 못지않게

[နာမ် + တောင်]는 관형사이며 주로 구어에서 사용한다. 예상하기 어려운 상황이나 앞의 내용에 상당하는 정도를 나타내는 말이다.

(1) အိုင်ဖုန်းက မြန်မာငွေ ၈ သိန်းတောင် ပေးရတယ်။ 아이폰은 미얀마 돈으로 80만 짯(Kyat)이나 해요.
(2) ကျွန်တော်တောင် ဒီလောက် စိတ်တိုတာ ဆရာဆို ပိုဆိုးမှာပေ့ါ။
　　저조차도 이렇게 화가 나는데 선생님은 오죽하겠어요.
(3) နိုင်ငံခြားသားဆိုရင် ဝင်ခ ဒေါ်လာ ၁၀တောင် ပေးရတယ်။ 외국인이라면 입장료를 10$ 정도 내야 해요.
(4) ကျောင်းလခတောင် မပေးဘူး။ 등록비조차 주지 않아요.

② [문장 + လေ] – [ဝါကျ + လေ]

[문장 + လေ] 는 전체적인 문장 완료 후 사용하는 문장 완료형 관형사이다. [문장 + လေ]는 문장 끝에 사용하며 문장을 강조하고, 그 문장이 틀림없다는 의미도 있다. 미얀마어의 문장 완료형 관형사는 12가지인데, ကွာ၊ ကွယ်၊ နော်၊ ပါ၊ ပေ့ါ၊ ဗျာ၊ ရှင်၊ ၊ လို့၊ပေ့ါဗျာ၊ ပေ့ါလေ၊ လေကွယ် 등이 있다.

(1) မနှစ်က မာစတာ ဘွဲ့ ရတယ်လေ။ 작년에 대학원 학위를 받았는데요.
(2) ရထား မီအောင် မြန်မြန် သွားကြမယ်လေ။ 기차를 탈 수 있게 빨리 가시지요.
(3) သူ့ကို ချစ်တယ်လေ။ 그를 사랑하지요.
(4) နည်းနည်း စောတယ်လေ။ 좀 시간이 일러요.

A 알맞은 것을 연결하세요.

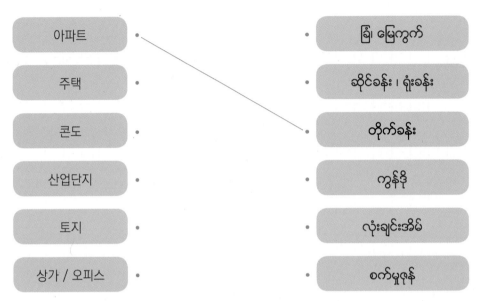

아파트	●	●	ခြံ၊ မြေကွက်
주택	●	●	ဆိုင်ခန်း ၊ ရုံးခန်း
콘도	●	●	တိုက်ခန်း
산업단지	●	●	ကွန်ဒို
토지	●	●	လုံးချင်းအိမ်
상가 / 오피스	●	●	စက်မှုဇုန်

B 보기와 같이 미얀마어로 말해보세요.

(1) 여보세요! 쉐(Shwe)부동산인가요?

အကျိုးဆောင် / ကုမ္ပဏီ / လား / ဟယ်လို

▶ ဟယ်လို။ ရွှေ အကျိုးဆောင် ကုမ္ပဏီလား။

(2) 어떤 종류의 집을 보고 싶으세요?

ကြည့်ချင် / အိမ် / အမျိုးအစား / လဲ

▶ _____

(3) 보증인은 있으세요?

ရှိ /အသိသက်သေ / လား

▶ _____

(4) 오피스용 빈 방이 있나요?

အခန်းလွတ် / ရုံးခန်း / လား / ရှိ

▶ _____

문화 엿보기

▲ 한국식 부동산계약서

▲ 미얀마식 부동산 계약서

미얀마식 부동산 매매 계약서는 한국식 계약서와 사뭇 다르다. 미얀마식 계약서는 대부분 아래 서식과 같은 형식을 띠고 있다. 따라서 이번 단원에서 배운 계약서 내용만 숙지해 놓으면 미얀마에서 사용하는 웬만한 계약서를 읽고 해석할 수 있을 것이다. 위 그림의 계약서를 해석하면 다음과 같다.

부동산 매매 계약서, 결혼 신고 및 계약서 모두 다음과 같은 계약서와 유사하다는 것을 알 수 있다.

미얀마연방(Union of Myanmar)
수입인자 - Revenue stamp
부동산 매매 계약서

매도인과 매수인 쌍방은 아래 표시 토지 및 건물에 관하여 다음 내용과 같이 매매 계약을 체결한다.

★ 부동산의 표시

소재지	Yangon Division, ○○Township, ○○ quarter		
토 지	지 목	지 목	○○ acre
건 물	구 조	구 조	
매매할 물건의 표시	○○ acre 된 토지와 건물 전체		

계약내용 : (목적) 위 부동산의 매매하는 것에 관하여 매도인과 매수인은 협의에 의하여 매매 비용을 아래와 같이 합의하였다.

매매대금	○○○ - Kyat (미얀마 돈 단위 - 쨧)

양곤시 양곤구 00 을 00 쿼터에 있는 00에까의 토지와 그 토지 상에 있는 건물 및
지상의 수목 및 지하의 모든 소유권을 매매하기로 한다.

제 1 조 : 매도인은 본인이 법적으로 인증되어 있는 토지와 건물을 미얀마 쨧(Kyat) ○○○(쨧 - ○○)으로 매각하는 것을 매수인이 받아들였다.

제 2 조 : 매도인과 매수인 쌍방은 매각 목적대로 오늘 체결한 날짜(2000년 ○○월 ○○일)에 매각하는 00,000,000 (쨧 - ○○백만)을 한꺼번에 매수인이 지불했다는 것을 매도인 스스로 인정한다. 위에서 언급했던 건물과 토지 전체에 관련된 법적인 서류를 매도인이 전달한 것을 매수인이 받았고, 받았다는 것을 매수인이 스스로 인정한다.

제 3 조 : 상기 부동산에 대하여 매도인은 본 계약이 아닌 또 다른 계약을 체결하거나, 법적 상속인거나 하는 등 소유권에 대한 일체의 하자가 없음을 확인하며 매도인의 (또는 어느 일방의 과실로 인하여) 과실로 인하여 본 계약이 해지될 경우 쌍방은 손해배상 없이 원금만 반환하고 계약을 원인무효 한다.

상기 계약 내용을 매도인과 매수인 쌍방 모두 다 읽고 이해하였으며 매매하기로 한 것을 보증인 (또는 참관인) 두 사람 앞에서 본 계약을 체결한다.

○○○○년 ○○월 ○○일

본 계약을 증명하기 위하여 계약당사자가 이의없음을 확인하고 각자 서명 및 날인한다.

매도인	주 소	(한) 미얀마, 양곤시, ○○구, ○○-동, ○○호 (영) Myanmar, Yangon , ○○ Township, No(○), Room ○	성 명	
	주민번호	14/00-Naing-○○○○○○		
매수인	주 소	(한) 미얀마, 양곤시, ○○구○○ , VIP II, ○○길, ○○ (영) yanmar, Yangon , ○○ Township, ○○, VIP II, ○○St, No - ○○	성 명	
	주민번호	12/00-Naing-○○○○○○		
보증인 or 참관인	주 소		성 명	
	주민번호	12/00-Naing-○○○○○○		

အခန်း ၃

ဒဂုံ စင်တာ ခဏလောက် သွားရဦးမယ်။

다곤쇼핑센터에 잠깐 가야겠어요 (쇼핑하기)

이민호와 미미가 쇼핑하기로 약속하다

လီမင်းဟို	အိမ်လည်း ၄၊ ၅ ၾ ပြီးပြီ ဆိုတော့ အိမ်အသုံးအဆောင် ပစ္စည်းလေးတွေ ဝယ်ဖို့၊ ဒဂုံစင်တာ သွားလိုက်ဦးမယ်။
မီမီ	စင်တာ သွားဝယ်ရင် ဈေးမကြီးဘူးလား။
	ပရိဘောဂဆိုရင် ဆိုင်တီဟုမ်းကို မှာရင် အိမ်အရောက် လာဆင်ပေးတယ်။
	အိမ်အသုံးအဆောင် ပစ္စည်းတွေကိုတော့ သိမ်ကြီးဈေးမှာ သွားဝယ်မယ်လေ။
လီမင်းဟို	ဈေးကြီးတာတွေဆိုရင် တော်တော် ဆစ်ရမှာ။ မမီမီ လိုက်ခဲ့ပေးမှာလား။
မီမီ	လိုက်ခဲ့ပေးရမှာပေါ့။
လီမင်းဟို	ဘယ်ရက်လောက် သွားကြမလဲ။
မီမီ	ကျွန်မ ရုံးပိတ်ရက် စနေနေ့ ဆိုရင်ကော။
လီမင်းဟို	ကောင်းတယ်။ ကျွန်တော် အဆင်ပြေတယ်။
မီမီ	ဒါဆို ဒီ တစ်ပတ် စနေနေ့ သွားကြမယ်။

30

단어표현   ▲ 동사　● 형용사　★ 명사　◆ 부사　♣ 표현

အသုံးအဆောင်ပစ္စည်း	★ 생활용품	သပ်သပ်ရပ်ရပ်	◆ 멋지게, 잘
ပရိဘောဂ	★ 가구	သေသေချာချာ	◆ 분명히, 틀림없이
လူသုံးကုန်ပစ္စည်း	★ 상품, 물품	ကောင်းကောင်း	◆ 잘
ကုန်ကြမ်း	★ 원자재	တော်တော်	◆ 꽤, 상당히
ကုန်ချော	★ 완제품	အင်တာနက်မှာ မှာယူပါ	♣ 인터넷에서 주문하세요
အလှဆင်သည်	▲ 장식하다		
ပြင်ဆင်သည်	▲ 고치다, 수리, 단장하다	ဈေးကြီးမှာ ရှိတယ်	♣ 재래시장에 있다
အိမ်အရောက်ဝန်ဆောင်မှု ပေးသည်	▲ 집까지 배달해주다	တရုတ်တန်းဈေးကို သွားကြည့်ပါ	♣ 차이나타운 시장에 가보세요
အဆင်ပြေသည်	▲ 편리하다		

문법과 활용   သဒ္ဒါနှင့် အသုံးများ

(1) [명사+ကြီး] / [명사+(က)လေး] – 복합어 접미사

[명사+ကြီး] / [명사+(က)လေး]는 미얀마어 복합어 접미사이다. [명사+ကြီး]는 그 명사의 수량이 아주 많거나 크기가 매우 클 때 사용하고, [명사+(က)လေး]는 그 명사가 작거나 귀엽고 깜찍할 때 주로 사용한다.

(1) ဆေးရုံကြီးကို မောင်းပေးပါ။ 종합 병원으로 가주세요. (운전해 주세요)
(2) ရွှေတိဂုံဘုရားကြီး သပွယ်တယ်။ 쉐다곤 파고다(탑)가 웅장합니다.
(3) ဟယ်။ လွယ်အိတ်လေးက ချစ်စရာကောင်းတယ်။ 어머나! 가방이 너무 이쁘다.
(4) သားလေးလား။ သမီးလေးလား။ 아들이에요? 딸이에요?

(2) [문장 + ပေါ့] – [ဝါကျ + ပေါ့] – 물론/ 그렇지요.

[문장 + ပေါ့]는 전체적인 문장 완료 후 사용하는 문장 완료형 관형사이다. [문장 + ပေါ့]는 문장 끝에 사용하며 문장을 강조하고 문장의 의미가 확실하다/물론이다의 의미도 있다. 미얀마어의 문장 완료형 관형사는 12가지인데, ကွာ၊ ကွယ်၊ နော်၊ ပါ၊ ဗျာ၊ ရှင်၊ လေ၊ လို့ ၊ပေါ့ဗျာ၊ ပေါ့လေ၊ လေကွယ် 등이다.

(1) လေယာဉ်လက်မှတ် ဝယ်ရတာပေါ့။ 비행기 표를 (물론) 사야지요.
(2) ခဏ နားကြတာပေါ့။ (물론) 잠시 쉬시지요.
(3) ဈေးကြီးတာပေါ့။ (물론) 비싸지요.
(4) မြန်မာစကားက ခက်တာပေါ့။ 미얀마 말이 (물론) 어렵지요.

31

A 보기와 같이 대화를 완성하세요.

(1) A: ပရိဘောဂ ပစ္စည်း ဝယ်ချင်တယ်။

가구를 사고 싶어요.

B: ဒါဆို။ ဆွီတီဟုမ်းကို သွားပေ့ါ။

그럼, (물론) 쉬티홈 가야지요.

(2) A: မြန်မာစကားက ခက်လား။

미얀마 말이 어려워요?

B: _____

(물론) 어렵지요.

(3) A: ပင်ပန်းတယ်နော်။

피곤하네요? 그렇지요?

B: _____

그럼 잠시 (물론) 쉬지요.

(4) A: အိုင်ဖုန်းက ဈေးကြီးလား။

아이폰이 비싸지요?

B: _____

그럼, (물론) 비싸지요.

B 그림이 나타내는 명사를 미얀마어로 써보세요.

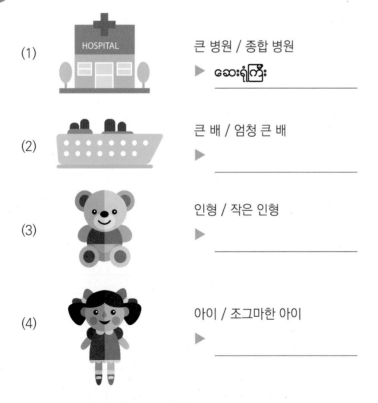

(1) 큰 병원 / 종합 병원

▶ ဆေးရုံကြီး _____

(2) 큰 배 / 엄청 큰 배

▶ _____

(3) 인형 / 작은 인형

▶ _____

(4) 아이 / 조그마한 아이

▶ _____

문화 엿보기

미얀마는 2011년부터 개방되기 시작하면서 외국인 투자자가 늘어났고 국내 시장도 급속히 변화했다. 10년 전만 해도 미얀마 옛 도시인 양곤에는 시티마트(미얀마 내에서는 최고의 백화점) 정도만 있었지만, 지금은 (2016년 기준) 시티마트는 물론이고 이보다 한 단계 업그레이드된 최고 수준의 쇼핑 및 문화 여가 생활을 즐길 수 있는 대형마켓이 양곤 도심을 차지하고 있다. 시대가 변하고 시장의 수요도 많아졌지만 아직도 양곤시의 많은 사람들은 생활필수품이나 가구, 생활용품을 쇼핑하기 위해 재래시장을 찾는다. 여기서는 양곤의 주요 재래시장이라고 할 수 있는 몇 개의 시장을 소개한다.

■ 떼인지 제 (떼인지 재래시장)
떼인지 제는 양곤 시에서 가장 크고 오래됐으며 미얀마 현지인들에게 매우 유명한 시장이다. 쉐다곤 파고다와 빼에(pyae Street) 사이에 있으며 외국인들이 많이 찾는 보초욱마켓에서 1블록만 더 가면 찾을 수 있다. 떼인지 제에서는 도소매로 거래할 수 있으며 섬유, 의류, 전통 약초, 약품을 판매한다. 그분만 아니라 문구용품이나 아기용 장난감, 식품, 쌀, 양념 같은 식품 재료도 살 수 있다. 무엇보다 떼인지 제는 미얀마 전통 약제 시장으로 유명하다.

■ 냐웅삔레 제 (Nyaung Pin Lay Market)
이 시장에서는 쌀, 고춧가루, 말린 생선(건어물), 각종 콩, 라면, 가정 생활용품, 책, 촛불, 홍차(Tea), 양파, 마늘, 간식, 커피, 약품, 기름 등을 살 수 있다.
– 위치 : Nyaung Pin Lay Plaza is located in Bldg A,2nd Flr,Nyaung Pin Lay Plaza,
　　　　 Lanmadaw township, Yangon, Myanmar.

■ 식료품점 (Food Market)
가든 마트(Garden Market)와 바한 군(Bahan Township)교육 센터에 위치한 식료품점에서는 화학물질이 들어가지 않고 안전한 유기농 식품을 살 수 있다. 미얀마 채소 생산자와 수출업체 협회에서 보장을 해주는 안전한 제품들이다.
– 위치 : Myay Padethar Kyun (near Garden Mart & Educatio Center, Bahan Township)
– 오픈시간 : Saturdays, 7:00 AM

■ 띠리밍글라 제(Thiri Mingalar Market)
이 시장은 24시간 오픈하는 시장이다. 흘라인 군(Hlaing Township)의 북쪽에 있으며, 청과류 판매/채소 경매장(Green-Grocery)으로 유명하다. 이 시장의 청과류는 전국의 도소매 시장으로 유통된다. 예전에는 찌민다잉도에 위치했으나 얼마 전 흘라인 군으로 옮겼다.
– 위치 : Thiri Mingalar Market, off Bayint Naung Road, Hlaing township (NOT Old Thiri Mingalar Market)
– 오픈시간 : 24 hours

33

အခန်း ၄

ကျွန်တော့်အိမ်မှာ အဲယားကွန်း တပ်မလားလို့ စဉ်းစားနေတာ။

집에 에어컨을 설치할까 고민 중이에요 (가전 제품)

에어컨 설치해야 되는지 고민하고 있는 이민호에게 미미가 추천한다

မိမိ အိမ်အသစ်မို့လို့လားမသိဘူးနော်။ မစ္စတာလီရဲ့ အိမ်က အရမ်း ပူတာပဲ။

လီမင်းဟို ဟုတ်တယ်။ ကျွန်တော်လည်း အဲယားကွန်းကို အိမ်ခန်းတိုင်း တပ်ရမလား စဉ်းစားနေတယ်။

မိမိ အိမ်ခန်းတိုင်း တပ်ရင်တော့ အကုန်အကျများမယ် ထင်တယ်။

လီမင်းဟို ကိစ္စမရှိပါဘူး။ တစ်မိသားစုလုံးအတွက်ဆိုတော့ တပ်ပေးရမယ်လေ။

မိမိ မနက်ဖြန် အဲယားကွန်း တပ်ဖို့ အဲယားကွန်း ကုမ္ပဏီကို ဖုန်းဆက်ရမယ်။

လီမင်းဟို ကျွန်တော် တခြား ကိုရီးယား သူငယ်ချင်းအိမ်ကို လှမ်းမေးလိုက်ဦးမယ်။ ဘယ်ဈေးလဲ သိရအောင်ပေါ့။

မိမိ ဟုတ်ပြီလေ။ စုံစမ်းကြည့်ပါရှင်။

☏ ~~~~~~~ ☏ ~~~~~~~ ☏ ~~~~~~~ ☏

လီမင်းဟို ကျွန်တော့် သူငယ်ချင်းက ဖုန်းမကိုင်ဘူး။

단어표현

미얀마어의 외래어 종류를 알아봅시다.　★ 명사

▶ **모음으로 끝나는 음역**
: 최대한 원어에 가까운 발음으로 함.

ကင်မရာ	★ 카메라
ကော်ဖီ	★ 커피
ကွန်ပျူတာ	★ 컴퓨터

▶ **단어 사이에 자음이 있는 경우**
: 그 자음의 폐음절을 쓰지 않고 자음을 그대로 씀.

ဘတ်(စ်)ကား	★ 버스
အယ်(လ်)ဘမ်	★ 앨범
တက္ကစီ	★ 택시

▶ **자음으로 끝나는 음역** : 자음으로 끝나는 경우에는 맨 마지막 자음을 빼고 발음한다.

| ကောလိပ် | ★ 전문대학(college) |
| အင်တာနက် | ★ 인터넷 |

▶ **혼역** : 새로운 단어를 형성하기 위해 만듦

| ကော်ဖီဆိုင် | ★ 커피숍 |
| ဆိုင်းထိုး | ★ 싸인을 함 |

문법과 활용　သဒ္ဒါနှင့် အသုံးများ

① [동사+မလားလို့] [동사+을/를 까 고민 중/생각 중] 동사+ 을/를 까 고민 중/생각 중

[동사+မလားလို့] 는 어떤 행동을 하려고 할 때 고민 중이거나 생각 중이고 계획 중이라는 뜻을 가진다. 구어체에서는 '을/를 까'까지만 쓸 수 있고 고민 중/생각 중/계획 중이라는 것을 생략할 수 있다.

(1) ကိုယ်ပိုင် စီးပွားရေး လုပ်မလားလို့ စဉ်းစားနေတယ်။ 자영업을 시작할까 생각 중이에요.
(2) ပိုက်ဆံ စုမလားလို့ ။ 저축할까 생각 중이에요.
(3) ဂျပန်စကား လေ့လာမလားလို့။ 일본어를 배울까 해요.
(4) နိုင်ငံခြား သွားမလားလို့။ 외국(여행)갈까 생각 중이에요.

② [လှမ်း + 동사] – 문장부사 – [동떨어져 있는 +동사]

[လှမ်း + 동사문장 부사인 လှမ်း 는 '동떨어져 있는 곳으로' 의미를 지니고 있으며 동떨어져 있는 어떤 무엇인가와 연락을 취하려고 할 때 '동사'의 앞에서 접두사처럼 사용한다.

예문 01) လှမ်း+ မေး　– 〈동떨어져 있는 곳을〉 묻다
예문 02) လှမ်း+ပြော – 〈동떨어져 있는 곳을 향하여〉 말하다
예문 03) လှမ်း+ကြည့် – 〈동떨어져 있는 곳을〉 보다
예문 04) လှမ်း +ခေါ် – 〈동떨어져 있는 곳으로〉 부르다/호출하다

(1) အသံကျယ်ကြီးနဲ့ လှမ်းပြောတယ်။ 〈동떨어져 있는 곳으로〉 큰 소리로 말한다.
(2) ကိုရီးယား သူငယ်ချင်းအိမ်ကို လှမ်းမေးမယ်။ 한국인 친구 집에 물어볼게요.
(3) ကျွန်မတို့ဘက်ကို လှမ်းကြည့်နေတယ်။ 우리 쪽을 보고 있어요.
(4) ပြန်လာပါလို့ လှမ်းခေါ် နေတယ်။ 돌아오라고 호출했어요.

A 각 그림이 나타내는 것을 미얀마어로 써보세요.

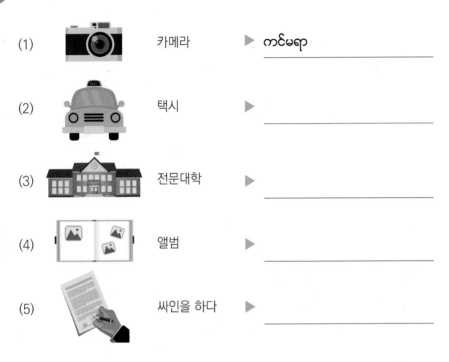

(1) 카메라 ▶ ကင်မရာ _____

(2) 택시 ▶ _____

(3) 전문대학 ▶ _____

(4) 앨범 ▶ _____

(5) 싸인을 하다 ▶ _____

B 보기와 같이 외래어 명사와 어울리는 동사를 연결하세요.

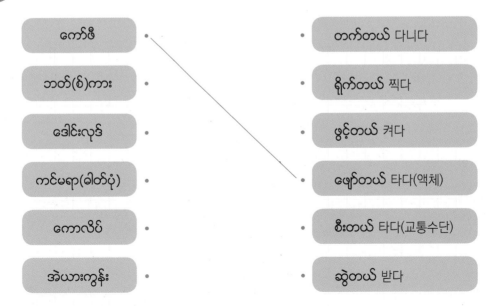

ကော်ဖီ	တက်တယ် 다니다
ဘတ်(စ်)ကား	ရိုက်တယ် 찍다
ဒေါင်းလုဒ်	ဖွင့်တယ် 켜다
ကင်မရာ(ဓါတ်ပုံ)	ဖျော်တယ် 타다(액체)
ကောလိပ်	စီးတယ် 타다(교통수단)
အဲယားကွန်း	ဆွဲတယ် 받다

36

문화 엿보기

미얀마는 2016년 3월 말에 민주주의 정부가 출범하여 새로운 정치를 시작하였다. 하지만 반세기 동안 통제를 당하며 살던 관습들이 아직도 사회 곳곳에 남아 있다. 앞으로 여러 방면에서 개혁이 이루어져야 하겠지만 한꺼번에 모든 것을 바꾸기는 어려우리라 본다.

미얀마는 지하자원 및 수력이 풍부하지만 전력에너지 정책은 빈약한 나라이다. 양곤시만 해도 비가 많은 우기에는 전기를 도시 전역에 공급하지 않고, 우기가 끝나고 건기가 되면 차례대로 공급한다. 전기가 나갔다 들어오기를 반복하므로 중간에 제어기가 있어야 한다.

여름에는 양곤시의 날씨가 35~45도 정도로 후덥지근하고 끈적끈적하여 너 나 할 것 없이 에어컨을 사용한다. 그러나 그림과 같이 에너지공급이 골고루 되지 않아 에어컨이 충격을 받아 망가지는 경우도 있다. 자칫 사용자까지 피해를 볼 수 있으니 전자제품을 사용할 때 반드시 점검하여 사용하는 것이 안전하다.

(cc)(i) BY

● https://www.facebook.com/photo.php?fbid=574977832666145&set=a.253587708138494.1073741828.100004617992949&type=3&theater

မြန်မာ အစားအစာ လုပ်ကြည့်မလားလို့။

미얀마 음식을 만들어볼까요? (요리)

이민호의 부인 신보라가 미미에게 미얀마 요리 방법을 물어본다

ရှင်းဗိုရာ	မမီမီရေ။ ကျွန်မတို့ အိမ်အသစ်တက်ပွဲမှာ မြန်မာထမင်းဟင်းနဲ့. ညှဉ့်ခံမလားလို့။
မီမီ	ကောင်းတာပေါ့။ ရောမရောက် ရောမလို ကျင့်ဆိုသလိုပဲ မြန်မာရောက်တော့ မြန်မာထမင်းဟင်း ချက်ပြီး ညှဉ့်ခံရမှာပေါ့ရှင်။
ရှင်းဗိုရာ	ခစ်ခစ်ခစ်။ ဖြစ်ချင်တော့ ကျွန်မ မြန်မာဟင်းချက်နည်း မသိဘူး။ သင်ပေးပါလား။
မီမီ	ထောပတ်ထမင်းနဲ့. ကြက်သားဟင်း ချက်နည်း သင်ပေးမယ်။
ရှင်းဗိုရာ	ဟုတ်ပြီ။ မနက်ဖြန် ကြက်သား၊ မြန်မာဆန်၊ ထောပတ် ဝယ်ထားမယ်။

38

မိမိ	ကြက်သားဟင်း ချက်နည်းကို ပြောပြပေးမယ်။
	ကြက်သားကို ကြက်သားမှုန့်နဲ့ ဆားနယ်ပြီး အသင့်ပြင် ထားပါ။
	ဒယ်အိုးထဲကို ဆီ ထည့်ပြီး ဆီပူလာရင်၊ ဂျင်း၊ ကြက်သွန်ဖြူ နဲ့ ကြက်သွန်နီ
	ဆီသပ်ပေးရမယ်။ အရောင်တင်မှုန့် ထည့်ပြီး နပ်ထားတဲ့
	ကြက်သားတွေကို ရောမွှေပြီး ၂ မိနစ်လောက် မီးအသင့်နဲ့(မီးအေးအေးနဲ့)
	ချက်ပါ။ ပြီးတော့ ရေထည့်ပြီး အသား နူးသည်အထိ တည်ပေးပါ။
ရှင်းဗိုရာ	မြန်မာဟင်းက အရမ်း မခက်ဘူးနော်။
မိမိ	ကိုယ်တိုင် လုပ်ကြည့်ပါဦး။ တစ်ခါ လုပ်ဖူးထားတော့ နောက်တစ်ခါ လုပ်စားရင်
	အဆင်ပြေတာပေါ့။

단어표현

▲ 동사　● 형용사　★ 명사　◆ 부사　🍀 표현

ဆန်	★ 쌀	ညှဲ့ခံသည်	▲ 대접하다
ဆီ	★ 기름	ကျွေးမွေးသည်	▲ 한턱내다
ဆား	★ 소금	ဆွမ်းကျွေးသည်	▲ (스님께)공양올리다
ဂျင်း	★ 생강	ဒကာခံသည်	▲ (속어)한턱내다
ပြုပ်ကောင်း	★ 후추	ဝယ်ကျွေးသည်	▲ 한턱내다(사주다)
ပြုပ်သီး(ငရုတ်သီး)	★ 고추	ထမင်းချက်သည်	▲ 밥을 짓다
ဆနွင်းမှုန့်	★ 카레가루	ဟင်းချက်သည်	▲ 반찬을 만들다
ကြက်သွန်ဖြူ	★ 마늘	အသားနူးအိသည်	▲ 고기가 부드러워지다
ကြက်သွန်နီ	★ 양파		
ဒယ်အိုး	★ 냄비		

1 조리 용어를 미얀마어로 알아보자.

ကြိတ်	갈다/쌓다	ထောင်း	찧다
ခူး	떠(퍼)담다	ထွင်	(뼈)바르다
ခေါက်	거품을 일게 한다	နယ်	주무르다
ခတ်	넣다	နွှေး	데우다
ခပ်	(스푼으로 떠서)옮기다	နွာ နွင်	껍질을 벗기다
ခုတ်	자르다	ခပ်ပြင်းပြင်းခလောက်	휘젓다
ချစ်	불타다	ပျစ်	진하다(액체나 농도)
ခြစ်	갈다	ပွက်	끓이다
ခွာ	껍질을 벗기다	ဖျစ်	짜내다
ချွေ	벗다	ဖြူး	뿌리다
ငှဲ့	쏟다	မျင်	세로로 베다
စဉ်း	(고기덩어리를)썰다	မွှန်း	(얇게)베다
စိမ်	담그다	မွှေ	젓다
ဆိတ်	집어내다	လီး	자르다
ဆမ်း	붓다	လွာ	얇게 썰다
ညစ်	짜내다	သင်	벗기다
ညှော်	매캐하다	သဲ့	걸어내다
တူး	불타다	သိပ်	꾹 누르다
တံစိုးထိုး	꽂히다	ဟင်းအိုးပြင်	요리 준비하다

2 [နည်း] 방법·체계, 제도·과정·절차·수단이라는 뜻

- [동사+နည်း]형으로 사용할 수 있으며 동사가 단음절일 경우에,

(ကော်ဖီ)ဖျော်	နည်း	ကော်ဖီဖျော်နည်း
커피를 타다	방법	커피를 타는 방법

- [동사+နည်း+동사+ နည်း]형은 복합동사일 경우에 사용한다.
  여기에서 말하는 '복합동사'는 분리 가능하고 의미가 유사한 글자를 복합적으로
  쓰는 동사를 의미한다.

ချက်ပြုတ်	နည်း	ချက်နည်း ပြုတ်နည်း
ချက်+ပြုတ် 익히다+삶다/끓이다	နည်း	(1) ချက်နည်း (2) ပြုတ်နည်း
요리하다	방법	조리방법

A 알맞은 것을 연결하세요.

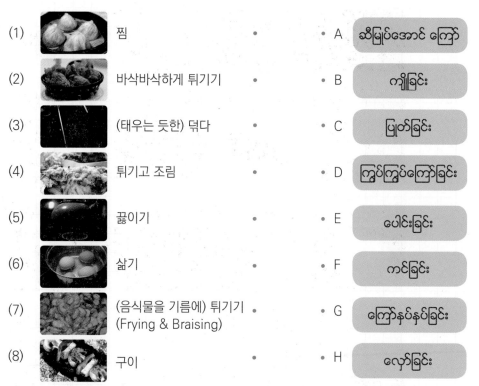

(1) 찜	•	• A ဆီမြှုပ်အောင် ကြော်
(2) 바삭바삭하게 튀기기	•	• B ကျိုခြင်း
(3) (태우는 듯한) 덖다	•	• C ပြုတ်ခြင်း
(4) 튀기고 조림	•	• D ကြွပ်ကြွပ်ကြော်ခြင်း
(5) 끓이기	•	• E ပေါင်းခြင်း
(6) 삶기	•	• F ကင်ခြင်း
(7) (음식물을 기름에) 튀기기 (Frying & Braising)	•	• G ကြော်နပ်နပ်ခြင်း
(8) 구이	•	• H လှော်ခြင်း

B 알맞은 것을 고르세요.

ကြော် ǀ ပြုတ် ǀ နွေး ǀ ကျို ǀ ခူး ǀ လှာ ǀ လှီး ǀ လှော်

(1) မြေပဲ _____ နဲ့ ရတယ်။   땅콩 볶는 냄새가 나요.

(2) ကြက်ဥ_____ ၃လုံး တစ်ထောင်ပါ။   삶은 계란 3개에 1천 짯(Kyat)이에요.

(3) ဟင်းတွေ အေးနေပြီ။ ပြန်_____ ပေးပါ။   반찬이 식었네요. 다시 데워주세요.

(4) ကော်ဖီသောက်ချင်တယ်။ ရေ _____ ပါ။   커피 마시고 싶어요. 물을 끓이세요.

(5) ထမင်းစားကြစို့။ ထမင်း_____ ပါ။   식사하시죠. 밥을 담으세요.

(6) ပန်းသီး အခွံ_____ ပြီးပြီလား။   사과 껍질 벗겼어요?

(7) အသားကို သေးသေး _____ ပါ။   고기를 잘게 써세요.

(8) ကြက်သားကို ကြွပ်ကြွပ်_____ မှ အရသာရှိတယ်။   닭고기는 바삭바삭하게 튀겨야 맛있어요.

① မြန်မာဟင်းသီးဟင်းရွက် အမည်များ 미얀마 채소에 대해 알아봅시다.

ချဉ်ပေါင်ရွက်	ဂေါ်ရခါးသီး	ဂေါ်ဖီထုပ်	ကညွတ်
로젤	챠요테호박	양배추	아스파라거스
ဟင်းနုနွယ်	ခရမ်းသီး	မျှစ်	ဘူးသီး
시금치	가지	죽순	조롱박
ပဲပြား	ပဲပင်ပေါက်	ခရမ်းချဉ်သီး	ဘူးခါးသီး
두부	콩나물	토마토	박
မုန်လာဥနီ	မုန်လာဥဖြူအကြီး	ပန်းဂေါ်ဖီ	မုန်ညင်းဖြူ
당근	순무우	꽃양배추	배추
သခွားသီး	ရေမုန်ညင်း	ကျောက်ဖရုံသီး	ရုံးပတီသီး
오이	물냉이	흰 호박	오크라
ဒင်္ဂုင်းသီး	ဘိုစားပဲ	ကန်စွန်းရွက်	ဂျေးမြစ်
Fithio clobium	강낭콩	공심채	삼채

ⓒ ① BY ● m.gifford ●● lightwrite

ဟင်းခတ်မဆလာများ 양념 & 향신료에 대해 알아봅시다.

ဆား	소금	ပဲငံပြာရည် အနောက်	진한 간장
ကလဝေးရွက်	월계수잎	ကြက်သွန်နီ	양파
ကုလားအော်သီး	고추	ကြက်သွန်ဖြူ	마늘
ခရုဆီ	굴 소스	ကြက်သွန်မြိတ်	파
ဂျင်း	생강	ကြက်သားမှုန့်	치킨 파운더
ဂျုံမှုန့်	밀가루	ဘိန်းစေ့	양귀비 씨
ငရုတ်သီးစိမ်း	(생)고추	မဆလာ	마살라(혼합 양념)
ငရုတ်သီးမှုန့်	고춧가루	မန်ကျည်းသီး	타마린드
ငရုတ်ကောင်းမှုန့်	후추	မုန်ညင်းရွက်	갓
စပါးလင်	레몬그라스	မုန်ညင်းစေ့	겨자씨
ဆန်မှုန့်	쌀가루	ယမ်းစိမ်း	초석
တရုတ်နံနံပင်	(중국)고수	ရှာလကာရည်	식초
တရုတ်ကြက်သွန်မြိတ်	(중국)파	သစ်ဂျပိုးခေါက်	계피
နံနံပင်	고수	သကြား	설탕
ပတဲကော	양강근	ဟင်းခတ်သစ်ရွက်	커리 잎
နနွင်းမှုန့်	강황	ဟင်းချက်ဆီ	조리용 기름
ပင်စိမ်းရွက်	바질	ဟင်းရွက်ဆီ	식물유
ငါးပိ	젓갈	ကော်မှုန့်	옥수숫 가루
ပူစီနံ	박하	မြေပဲဆီ	땅콩 기름
ပဲငံပြာရည် အကြည်	연한 간장	နှမ်းဆီ	참기름

지금까지 정리한 것은 미얀마 사람들이 주로 요리해서 먹는 채소들과 양념에 관련된 용어이다. 미얀마 음식에는 대부분 강황이나 마살라(혼합 양념)가 들어가고 기름기가 많은 편이다. 미얀마는 워낙 소수민족이 많으므로 민족이나 지역마다 특화된 요리가 있다. 오지 여행이나 트레킹을 하다 보면 새로운 음식을 맛볼 기회가 많을 것이다.

'집들이 문화'
– 집들이 때 미얀마에서는 동네 사찰의 스님이나 본인이 존경하는 스님 몇 분을 초청해 점심 공양을 올리고 보시를 하거나 이웃과 친척을 불러 음식 대접을 한다.

တိုင်းရင်းသားကျေးရွာ သွားဖူးလား။

민속촌에 가본 적이 있나요? (문화 체험하기)

NATIONAL RACES VILLAGE
UNION OF MYANMAR

이민호 가족과 미미가 민속촌에 가서 문화 체험을 한다

လီမင်းဟို — မမိမိ၊ ကျွန်တော် အရင်နှစ်က တိုင်းရင်းသားကျေးရွာ တစ်ခါပဲ သွားဖူးတယ်။ ဒီတစ်ခါ ကျွန်တော့ မိသားစုနဲ့ သေချာ သွားလည်ချင်တယ်။

မိမိ — ကောင်းပြီလေ။ အခု အားနေတာပဲ ။ သွားကြတာပေါ့။

(တိုင်းရင်းသား ကျေးရွာ ရောက်ပြီးသည့် နောက်)

မိမိ — တိုင်းရင်းသားကျေးရွာ ဝင်ဝင်ချင်း ဝင်ပေါက်ဘေးက မျှော်စင်ကို တက်ရအောင်။ ရန်ကုန် တစ်မြို့လုံး မြင်ရတယ်။ ရှုခင်းလည်း ကောင်းတယ်လေ။

မိမိ — ဟိုမှာ မြင်ရတာကတော့ ရှမ်းပြည်နယ်မှာ ရှိတဲ့ အင်းလေးကန် ပုံစံပါ။

လီမင်းဟို — ဩော်...ဟုတ်လား။ ခဏနေ ကျွန်တော်တို့ ရှမ်းတိုင်းရင်းသားဝတ်စုံ နဲ့ ကချင်တိုင်းရင်းသား ဝတ်စုံ ဝတ်ကြည့်ချင်တယ်။

မိမိ — ဒါပြီးရင် အဲ့ဒီကို ဆက်သွားကြတာပေါ့။

လီမင်းဟို — တိုင်းရင်းသားကျေးရွာဆိုတော့ ပြည်နယ်၇ခု၊ တိုင်း၇ခုကို တပြိုင်တည်း ကြည့်လို့ရတော့ မြန်မာပြည် နေရာအနှံ့ ခရီးသွားလိုက်ရသလိုပဲနော်။

မိမိ — တစ်ချက်ခုတ် နှစ်ချက်ပြတ်ပေါ့။ ခစ်ခစ်။မှန်ပါတယ်။

단어표현

▲ 동사　● 형용사　★ 명사　◆ 부사　♣ 표현

တိုင်းရင်းသား	★ 소수민족	အကျႌ ဝတ်သည်	▲ 옷을 입다
တိုင်းရင်းသားကျေးရွာ	★ 민속촌	ဦးထုပ် ဆောင်းသည်	▲ 모자를 쓰다
လူမျိုးစု	★ (소수)민족[인종] 집단	ခြေစွပ် စွပ်သည်	▲ 양말을 신다
ပြည်ထောင်စု	★ 연합	လက်ပတ်နာရီ ပတ်သည်	▲ 시계를 차다
မျှော်စင်	★ 타워	လက်စွပ် စွပ်သည်	▲ 반지를 끼다
ရှုခင်း	★ 경치, 풍경	နားကပ် ပန်သည်	▲ 귀걸이를 하다
ဝတ်စုံ	★ 의복	ဆွဲကြိုး ဆွဲသည်	▲ 목걸이를 하다
ပုံစံတူ	★ 모형	တစ်ချက်ခုတ် နှစ်ချက်ပြတ်	♣ 〈속담〉일석이조
ပြည်နယ်	★ 주(State)	ရောမရောက် ရောမလို ကျင့်ပါ	♣ 〈속담〉로마에 가면 로마법을 따르라!
တိုင်း	★ 도(Division)		
မြို့နယ်	★ 군(Township)	ဒီဖုတ်ထဲက ဒီပဲသာဖြစ်မည်	♣ 〈속담〉부전자전 〈父傳子傳〉
ရွာ	★ 마을(village)		

문법과 활용 　 သဒ္ဒါနှင့် အသုံးများ

① [동사+동사+ချင်း] = 동사+~하자마자

동사의 동작이 이루어지자 잇따라 곧 다음 절의 사건이나 동작이 일어날 때 사용한다. 이때 동사는 똑같은 동사를 반복적으로 사용해야 한다.

가다	-하자마자	가자마자
သွား	ချင်း	သွားသွားချင်း

예문에서 볼 수 있듯이 '가다'를 반복적으로 쓴다.

(1) ထမင်း စားပြီးပြီးချင်း ရေမချိုးနဲ့။ 식사가 끝나자마자 목욕하지 마세요.

(2) အိပ်ယာက ထထချင်း ဖေ့စ်ဘုတ် ကြည့်တယ်။ 일어나자마자 페이스북 보네요.

(3) စာကြည့်ကြည့်ချင်း အိပ်ငိုက်တယ်။ 공부하자마자 졸려요(잠이 와요).

(4) အိမ်ရောက်ရောက်ချင်း အမေ့ကို နှုတ်ဆက်တယ်။ 집에 도착하자마자 어머니께 인사해요.

② 미얀마 숙어/관용어를 알아보자.

언어를 배울 때 오로지 언어만 습득하고 배우면 안 된다. 언어를 배우는 동시에 목표어인 미얀마어의 문화 및 정서를 배움으로써 미얀마 사람들의 태도, 말하는 행동, 마음가짐, 성격 및 습관, 사람과 사람 관계를 알 수 있을 뿐만 아니라 사상까지 파악할 수 있다. 이해가 안 되는 부분이 있다면 반드시 문화를 배울 필요가 있다. 속어나 관용어, 속담은 그 나라의 문화와 정서가 들어있기 때문이다.

- 일석이조   တစ်ချက်ခုတ် နှစ်ချက်ပြတ်
  한번 자르니까 두 조각이 나왔다.

- 부전자전   ဒီပုတ်ထဲက ဒီပဲသာဖြစ်မည်(ဘမျိုးဘိုးတူ)
  이 바구니 안의 콩은 모두 다 똑같은 콩일 것이다.

- 동문서답   တောင်မေးမြောက်ဖြေ
  남쪽을 물어봤는데 북쪽이라고 대답한다.

- 말이 씨가 된다   စကားနောက် တရားပါ (အသံကြောင့် ဖားသေ)
  말 뒤에 법(진실)이 따라간다.

(1) ကိုရီးယားကား ကြည့်ရင် တစ်ချက်ခုတ် နှစ်ချက်ပြတ်လေ။
       ဇာတ်ကားလည်း ကြည့် စကားလည်း သင်လို့ရတာပေါ့။

    - 한국드라마를 보면 일석이조네요. 드라마도 보고 한국어도 배울 수 있으니까요.

(2) ဘမျိုးဘိုးတူ ဆိုသလိုပဲ ဒီအဖေနဲ့ သား ခေါင်း အရမ်း မာကြတယ်။

    - 부전자전이라는 말이 있는 것처럼 아버지와 아들 모두 고집이 너무 세요.

(3) တောင်မေးမြောက်ဖြေ မလုပ်နဲ့။ စကားကို သေချာ နားထောင်ပါ။

    - 동문서답하지 마세요. 말을 똑바로 들으세요.

(4) အသံကြောင့် ဖားသေတဲ့။ စကားကို လက်လွတ်စပယ် မပြောနဲ့။

    - 말이 씨가 된다네요. 말을 함부로 하지 말아요.

연습하기 လေ့ကျင့်ခန်း

A 알맞은 지역 이름을 선택하세요.

> ရှမ်းပြည်နယ် (Shan State)　　ရခိုင်ပြည်နယ်(Rakhine State)
> ချင်းပြည်နယ် (Chin State)　　မွန်ပြည်နယ် (Mon State)

(1) အင်းလေးကန်က (_____)မှာ ရှိတယ်။
인레호수는 (_____)에 있어요.

(2) ကျိုက်ထီးရိုးက (_____)မှာ ရှိတယ်။
짜익티요(파고다 이름)가 (_____)에 있어요.

(3) ရိရေကန်က (_____)မှာ ရှိတယ်။
리(Ri Lake)호수가 (_____)에 있어요.

(4) မြောက်ဦးက (_____)မှာ ရှိတယ်။
먀욱우(Mrauk U)는 (_____)에 있어요.

B 알맞은 것을 고르세요.

> ဒီပုတ်ထဲက ဒီပဲ၊ အသံကြောင့် ဖားသေ၊ တောင်မေး မြောက်ဖြေ၊ တစ်ချက်ခုတ် နှစ်ချက်ပြတ်

(1) ကောက်ကျစ်စဉ်းလဲတဲ့ နေရာမှာ နှစ်ယောက် မရှိဘူး။ သူ့အဖေနဲ့ တစ်ပုံတည်း။
(_____)
교활하기가 둘도 없이 제 아버지를 쏙 빼닮았다.

(2) မေး။ ။ ဘယ်သွားမလို့လဲ။
ဖြေ။ ။ ထမင်း စားပြီးပြီ။ (_____)
문:어디 가려고요?
답: 밥 먹었어요.

(3) ခရီးသွားတာ ဗဟုသုတလည်း ရ၊ သူငယ်ချင်းအသစ်လည်း တိုးတယ်။ (_____)
여행을 하면 지식도 늘어나고 새 친구도 생겨요.

(4) ကားအက်ဆီးဒင့်ဖြစ်လို့တဲ့။ သူက စကားပြော မဆင်ခြင်ဘူးလေ။ (_____)
차 사고가 났대요. 그는 말을 함부로 해요.

ပြည်ထောင်စုနေ့ 미얀마 연합의 날 (통일 날)

미얀마는 연합 통일 국가이다. 미얀마의 면적은 한반도의 3배(남한의 6배)나 되는 거대한 나라지만 면적에 비해 인구는 그리 많지 않다. 여기서는 미얀마가 연합 국가가 된 과정을 설명하고자 한다.

▲ 미얀마 연합의 날 (통일 날)에 아웅산 장군이 사인하는 모습

▲ The Panglong Agreement

■ 미얀마 연합의 날 (통일 날)

1947년 2월 12일에 아웅산 장군을 비롯해 사마웅찌, 우띤툿, 우아웅잔웨 기타 등의 버마족 대표로 14명이 참석하였고, 영국 쪽에서 Mr.W.B.T.Leduidge를 비롯해 4명, 까친족 의회(KNU- by the Constit-uent Assembly)에서 4명의 의원들이 참석하였다. 1947년 전에 영국의 영향으로 통일 협약을 체결하는 데 어려움이 있었으나 국민 모두의 노력으로 1947년 2월 12일에 여러 고비를 넘겨 최종 체결을 할 수 있었다. 미얀마족(버마족) 대표로 아웅산 장군(Burmese Government), 까친(Kachin Committee), 샨족(Shan Committee), 친족(Chin Committee)이 대표적으로 나서서 체결하였다.

버마족을 비롯한 샨족, 까친족, 친족 모두 다 통일함으로써 영국으로부터 독립을 빨리할 수 있다는 신념을 가지게 되었다. 그래서 이날을 통일의 날(Union Day)이라고 지정하여 공휴일로 공식 발표하였다.

နောက်ဆုံး ရုံတင်တဲ့ကားက ဘာပါလိမ့်။

최신 상영작이 뭐예요? (영화 드라마)

영화관에서 영화 표를 구매한다

လီမင်းဟို	အခုတလော ရုံတင်ထားတဲ့ ကားထဲက ဘယ်ကားက နာမည် အကြီးဆုံးလဲ ခင်ဗျ။
ရုပ်ရှင်ရုံ ဝန်ထမ်း	"အမုန်း" ရုပ်ရှင်ကားက နာမည်ကြီးပါတယ်။
လီမင်းဟို	ဒီ ကားမှာ ဇာတ်လိုက်တွေက ဘယ်သူတွေလဲ ခင်ဗျ။
ရုပ်ရှင်ရုံ ဝန်ထမ်း	ဝတ်မှုံရွှေရည်၊ သက်မွန်မြင့် နဲ့ အောင်ရဲလင်း ပါပါတယ်။
လီမင်းဟို	ဒါဆို ဒီ ကား ကြည့်မယ်။ လက်မှတ် ၃စောင်ပေးပါ။
ရုပ်ရှင်ရုံ ဝန်ထမ်း	မော်နီတာကို ကြည့်ပါ။ ဒီဟာကတော့ စက်ခရင်ပါ။ အပြာရောင်က ခုံလွတ်ပါ။
လီမင်းဟို	အလယ်တန်း အက်ဖ ၅၊ ၆၊ ၇ ခုံ ပေးပါ။
ရုပ်ရှင်ရုံ ဝန်ထမ်း	၇၅၀၀ ကျပ်ပါ။

▲ 동사 ● 형용사 ★ 명사 ◆ 부사 ♣ 표현

ရုပ်ရှင်(ရုပ်ရှင်ကား)	★ 영화	ရုံတင်သည်	▲ 상영하다
ကား	★ 영화(드라마)(스토리)	နာမည်ကြီးသည်	▲ 유명하다
ဇာတ်လမ်း	★ 영화	ရုပ်ရှင် ပိုစတာ ကပ်သည်	▲ (영화)대자보를 붙이다
ဇာတ်လမ်းတို	★ 영화(단편)	စာတန်းထိုး ပါသည်	▲ 자막이 있다
ဇာတ်လမ်းရှည်(ဒရာမာ)	★ 드라마(장편)	လက်မှတ်ကုန်သည်	▲ 매진되다
ရုပ်ရှင်ရုံ	★ 영화관	သရုပ်ဆောင်သည်	▲ 연기하다
နောက်ဆုံး	★ 마지막(최후)	သရုပ်ဆောင် ပိုပြင်သည်	▲ 연기를 잘한다
မင်းသား	★ 남배우	စာတန်းထိုး မပါပါ	♣ 자막이 없습니다
မင်းသမီး	★ 여배우	ရုံပြည့်ပါပြီ	♣ 만석입니다
လူကြမ်း	★ 악역(惡役)		

문법과 활용 သဒ္ဒါနှင့် အသုံးများ

① [~~ထဲက ဘယ်~~အ+~+ဆုံးလဲ]
[~~중에 (누가/어느 곳/시간/무엇) 최상급 (제일) –에요? / 이에요?]

여러 사물이 있을 때나 여러 사람이 모여 있을 때 여러 개 중에 하나만 꼭 짚어서 대화할 때 주로 사용한다.

(1) ညီအစ်မတွေထဲက(မှာ) ဘယ်သူက အလှဆုံးလဲ။
자매 중에 누가 제일 아름다워요?

(2) မြန်မာပြည် ခရီးသွား နေရာတွေ ထဲက(မှာ) ဘယ်နေရာက အကောင်းဆုံးလဲ။
미얀마 여행지 중에 어느 곳이 제일 좋아요?

(3) ကိုရီးယား ရာသီဥတုထဲက(မှာ) ဘယ်အချိန်က အအေးဆုံးလဲ။
한국 계절 중에 어느 계절이 제일 추워요?

(4) ဒီ ပစ္စည်းတွေထဲက(မှာ) ဘယ်အရာက အညံ့ဆုံးလဲ။
이 물건 중에 어느 게 제일 나빠요?

② 이번에는 오락물(Entertainment)에 대해 알아보자.

미얀마에서는 영화를 **ရုပ်ရှင်** 또는 **ဇာတ်ကား**라고 한다. 줄여서 '**ကား**'라고 부르기도 한다. 얼마 전만 해도 미얀마 TV 프로그램은 몇 가지밖에 없었는데 최근에 글로벌 시대에 맞게 여러 예능 프로그램이 생겼다.

미얀마 '**ကား**'를 분류하면 다음과 같다.

အချစ်ကား	로맨스 영화	သိပ္ပံဝတ္ထုကား	공상과학 소설(영화)
အက်ရှင်ကား	액션 영화	အော်ပရာဇာတ်လမ်းကား	오페라(영화)
အလွမ်းအဆွေးကား	비극 영화	သည်းထိတ်ရင်ဖိုကား	공포 영화
ကာတွန်းကား	만화 영화	ဟာသ၊ ဇာတ်မျိုးကား	코미디, 희극

(1) နွေရာသီမှာ သည်းထိတ်ရင်ဖိုကား ကြည့်တယ်။
여름에 공포 영화를 봐요.

(2) အက်ရှင်ကားထဲမှာ ဂျူလီကို အကြိုက်ဆုံးပဲ။
액션 영화 배우 중에서 졸리를 제일 좋아해요.

(3) အလွမ်းအဆွေးကားကို ကြည့်ရင် ငိုချင်တယ်။
비극 영화를 보면 울고 싶어요.

(4) ကလေးတွေ အတွက်ဆို ကာတွန်းကားက အကောင်းဆုံးပဲ။
아이들을 위해서는 만화 영화가 제일 좋아요.

NOTE

A 알맞은 단어를 골라보세요.

> ဟာသကား (코미디 영화)   ကာတွန်းကား (만화 영화)
>
> အက်ရှင်ကား (액션 영화)   အလွမ်းအဆွေးကား (비극 영화)

(1) (_____) ကားကို ကြည့်ပြီး အရမ်း ငိုခဲ့တယ်။

(_____) 영화를 보고 너무 울었어요.

(2) ကလေးတွေ အတွက် ဘယ်လို (_____) က ကောင်းမလဲ။

아이들을 위해 어떤 (_____) 영화가 좋을까요?

(3) ဂျက်ကီချန်းရဲ့ (_____) တွေ ကြိုက်လား။

성룡(Jackie Chan)의 (_____) 영화들을 좋아해요?

(4) အရမ်း ပျင်းလို့ (_____) ကြည့်ချင်တယ်။

너무 심심해서 (_____) 영화를 보고 싶어요.

B 빈칸을 채우세요.

> ကြောက်ဖို့ကောင်းတယ် / ရယ်ရတယ် / ရင်ခုန်တယ် / စိတ်ဝင်စားဖို့ကောင်းတယ်။

(1) အချစ်ကားကို ကြည့်ရတာ _____ ။

로맨스 영화를 보니 가슴이 두근거려요.

(2) ဟာသကားက အရမ်း _____ ။

코미디 영화가 너무 웃깁니다.

(3) သရဲကားက _____ လို့ တစ်ယောက်တည်း မကြည့်ရဲဘူး။

공포 영화가 무서워서 혼자서 못 보겠어요.

(4) ကာတွန်းကားက _____ ။

만화 영화가 재미있어요.

미얀마 영화계

미얀마에서는 하루에 적어도 10편 정도의 영화가 상영된다. 외국영화나 드라마도 인기가 많지만 미얀마 영화의 주 고객은 지방 사람들이다. 옛 수도 양곤에는 '따마따', '띠다', '와지야'라는 영화관 세 곳이 있는데, 최근에는 슈퍼마켓이나 대형 마트에 CGV 영화관이 생기면서 젊은 층이 많이 찾고 있다.

미얀마 영화관에 외국 영화를 보러 갈 때 주의해야 할 점이 있다. 외국 영화에는 자막이 뜰 거라고 기대한다면 실망할 수 있다. 미얀마에서 상영하는 외국 영화에는 영어나 미얀마 자막이 없기 때문이다. 자막 없이도 볼 수 있다면 별 문제 없다.

▲ 2012 Myanmar Motion Picture Academy Awards Ceremony •

연말이나 연초에는 미얀마 영화계가 주최하는 영화 시상식이 열린다. 미얀마 영화계 시상식(Myanmar Motion Picture Academy Awards)은 1952년부터 시작되어 현재까지 매년 열리고 있다.

▲ Myanmar Motion Picture Museum ••

CC BY • Lionslayer •• Ekyaw

ဘဏ်စာအုပ် လုပ်ချင်ပါတယ်။

통장을 개설해 주세요 (은행 이용하기)

YOMA BANK

이민호가 은행에서 통장을 만들고 있다

ဘဏ်ဝန်ထမ်း	မင်္ဂလာပါ ။ ကြိုဆိုပါတယ်ခင်ဗျာ။ ဘာအတွက် လာတာလဲခင်ဗျာ။
လီမင်းဟို	ဘဏ်စာအုပ် လာလုပ်တာပါ။
ဘဏ်ဝန်ထမ်း	ဘဏ်စာအုပ် လုပ်ဖို့ဆိုရင် ကောင်တာ "အေ" ဘက် ကြွပါခင်ဗျာ။ တုံကင် ယူပြီး စောင့်ပေးပါ။
ဘဏ်ဝန်ထမ်း	ဘဏ်စာအုပ် လုပ်ချင်တာပေ့ါနော်။ ပတ်စပို့ ၊ ရန်ကုန်နေရပ် လိပ်စာ နဲ့ နာမည် ရေးပေးပါရှင်။
လီမင်းဟို	ဟုတ်ကဲ့။ အင်္ဂလိပ်လိုပဲ ရေးလိုက်မယ်နော်။
ဘဏ်ဝန်ထမ်း	အဆင်ပြေသလို ရေးပေးပါ။ ဒီ ဘဏ်ကို ပထမဦးဆုံး လာဖူးတာပါနော်။
လီမင်းဟို	ဟုတ်ကဲ့ခင်ဗျ။ ဒါနဲ့ ၊ ဒီ ဘဏ်မှာ ကိုဦးယျားကို ငွေလွှဲချင်ရင် လွှဲလို့ ရပါသလား။
ဘဏ်ဝန်ထမ်း	ဟုတ်ကဲ့။ ရပါတယ်ရှင်။

54

단어표현

▲ 동사   ● 형용사   ★ 명사   ◆ 부사   ♣ 표현

ဘဏ်စာအုပ်	★ 계좌	ကောင်တာ	★ 카운터
ဘဏ်စာအုပ်နံပါတ်	★ 계좌번호	လုံခြုံမှု	★ 안전
ဘဏ် ဝန်ဆောင်မှု	★ 은행서비스	စာရင်းပိုင်ရှင်	★ 예금주
ဒေါ်လာဈေး	★ 달러환율	ငွေလက်ကျန်	★ 잔액
လိပ်စာ၊ ဖုန်းနံပါတ်	★ 연락처	ငွေလဲနှုန်း	★ 환율
ငွေလွှဲပို့ခြင်း	★ 송금 (Send Money)	ငွေပေးချေ	★ 결제 (Pay Online)
ငွေလက်ခံခြင်း	★ 송금수취 (Get Money)	ငွေဖြည့်မှု	★ 입금
ဘဏ်တွင် ငွေအပ်နှံသည်	▲ 은행에 예금하다	ငွေ ပေးချေခြင်း လုပ်တယ်	♣ 결제합니다
စရန်ပေးသည်	▲ 보증금을 주다	တိုကင်ယူပါ	♣ 번호표를 뽑으세요

အင်တာနက် ဘဏ်ဝန်ဆောင်မှု ကောင်းတယ် ♣ 인터넷뱅킹 서비스가 좋아요

Mobile Banking စနစ် စတင်အသုံးပြုနိုင်တယ် ♣ 모바일 뱅킹을 사용할 수 있습니다

ဘဏ်အတိုးက ဘယ်လောက်လဲ ♣ 이자율이 얼마예요?

လုံခြုံမှုအဆင့် မြင့်မားတယ် ♣ 안전 레벨이 높다

ဘဏ်အတိုးက နည်းတယ် ♣ 은행 이자율이 낮아요

၀၀ အသုံးပြုသူ၏ အကောင့် ♣ 00 예금주의 계좌

NOTE

문법과 활용 သဒ္ဒါနှင့် အသုံးများ

1 [~~ဖို့+ဆိုလျှင်(ရင်)] [~~기 위해+(서)면]

[~~기 위해+(서)면]은 어떤 목적을 이루려고 할 때 쓰는 **~ဖို့** 와 어떤 일에 대한 조건으로 말할 때 쓰는 연결어미 ~ **ဆိုလျှင်**를 합친 문법이다. 여기서 **~လျှင်**를 (ရင်)로 발음한다.

(1) အမေရိကန် သွားဖို့ဆိုရင် ပိုက်ဆံ အတော် စုရမယ်။
　미국에 가기 위해서(가려면) 돈을 꽤 많이 모아야 된다.

(2) ဘဏ်စာအုပ် လုပ်ဖို့ဆိုရင် မှတ်ပုံတင် ယူသွားရမယ်။
　통장을 만들기 위해서(만들려면) 신분증을 반드시 가져가야 된다.

(3) ခရီးသွားဖို့ဆိုရင် ခရီးဆောင်အိတ် ပါရမယ်။
　여행을 가기 위해서(가려면) 배낭을 꼭 가져가야 한다.

(4) ဗဟုသုတ ရဖို့ဆိုရင် စာများများ ဖတ်ရမယ်။
　지식을 늘리기 위해서(늘리려면) 독서를 많이 해야 한다.

2 [동사+ချင်ရင်+동사+လို့ ရလား] [동사+고 싶으면+동사+해도 될까요?]

[동사+고 싶으면+동사+해도 될까요?]는 무엇인가를 원하거나 가지고 싶을 때 후행에 오는 동사를 취해도 되는지를 물어볼 때 사용한다.

(1) ကိုရီးယားကို ငွေလွှဲချင်ရင် လွှဲလို့ ရလား။
　한국으로 송금하고 싶으면(싶은데) 보내도 될까요?

(2) ထိုင်းသွားချင်ရင် ဗီဇာမပါဘဲ သွားလို့ ရလား။
　태국에 가고 싶으면(싶은데) 비자 없이 가도 될까요?

(3) စာမေးပွဲ အောင်ချင်ရင် စာမကြည့်ဘဲ အောင်ချင်လို့ မရဘူး။
　시험에 합격하고 싶으면(싶다면) 공부하지 않으면 안 돼요.

(4) ပိန်ချင်ရင် ဝိတ်ချဆေး သောက်လို့ ရမလား။
　날씬해지고 싶으면(싶은데) 다이어트 약 먹어도 될까요?

A 그림이 나타내는 명사를 미얀마어로 써보세요.

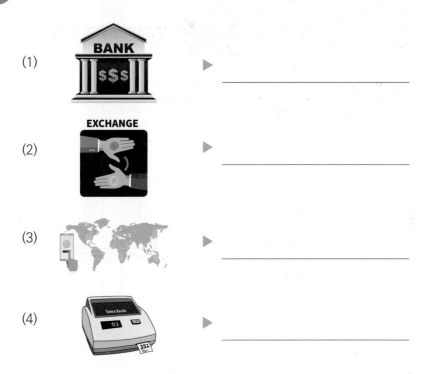

(1) BANK $$$ ▶ _____

(2) EXCHANGE ▶ _____

(3) ▶ _____

(4) ▶ _____

B 문장에 맞는 단어를 고르세요.

ဘဏ်ဝန်ထမ်း / ငွေစုဘဏ်စာအုပ် / အကြွေးဝယ်ခွင့် ကတ် / ငွေလဲလှယ်မှု

(1) ဘဏ်တွင် တာဝန်ထမ်းဆောင်သူ။ (_____)
은행 업무에 종사하는 사람

(2) သတ်မှတ်ထားသော ဘဏ်တွင် ငွေများ စုဆောင်းထားခြင်း။ (_____)
정해진 은행에 돈을 모아둔 것

(3) လက်ငင်း ပေးဆောင်စရာ မလိုသော ကတ်။ (_____)
일시불로 하지 않아도 되는 카드

(4) ဒေါ်လာကို မြန်မာ ပိုက်ဆံနှင့် လဲလှယ်ခြင်း။ (_____)
달러를 미얀마 돈으로 환전하는 것

▲ 미얀마 내에서 운영하는 은행 로고입니다.

이 장에서는 미얀마 내에서 사용되는 은행과 관련된 용어와 미얀마 중앙은행의 이자 제도에 대해 알아보자.

첫째, 미얀마 중앙 은행에서 운영하는 이자율은 다음과 같다.

Central Bank Rate - ဗဟိုဘဏ်အတိုးနှုန်း 중앙은행 할인율	10%
Minimum Bank Deposite Rate - အပ်ငွေပေါ် အနည်းဆုံး အတိုးနှုန်း	8%
Maximum Bank Lending Rate – ချေးငွေပေါ် အများဆုံး အတိုးနှုန်း	13%

▲ http://www.cbm.gov.mm/my 미얀마 중앙은행 기준입니다.

둘째, 미얀마 은행 관련된 용어입니다.

ကော်မရှင်ခ	수수료	စာရင်းကိုင်	회계원, 회계사
ခရီးဆောင်ချက်လက်မှတ်	여행자 수표	ဘဏ်တွင်ငွေလက်ခံသူ	금전 출납계(청구)직원
ချက်လက်မှတ်	수표	ဘဏ်ပိတ်ရက်	은행 휴일
ငွေကိုင်	출납원, 회계원	ဘဏ်အတိုးနှုန်း	은행 금리
ငွေစုစာရင်းအမှတ်	계좌번호	နိုင်ငံခြားကုန်သွယ်မှုဘဏ်	외국무역은행
ငွေစုဘဏ်	저축은행	လျှို့ဝှက်နံပါတ်	비밀코드
ငွေစုဘဏ်စာအုပ်	Saving pass book	တံဆိပ်	인장, 도장
ငွေပေးချေခြင်း	지불함	အကြွေးဝယ်ခွင့်ကတ်	신용카드
ဘဏ်လုပ်ငန်းရှင်	은행가	ပုံသေအတိုး	고정 이자
ဘဏ်မန်နေဂျာ	은행 매니저	နှစ်စဉ်အတိုး	연리(年利).
ဘဏ်စာရေး	은행원, 직원	လစဉ်အတိုး	월리
အာမခံသေတ္တာ	안전금고	အတိုးမဲ့	무이자

နောက်တစ်ပတ်မှာ နိုင်ငံခြားသား နေထိုင်ခွင့် သွားလျှောက်မယ်။

다음 주에 외국인 등록증을 신청하러 갈 거예요 (신고하기)

이민호가 출입국관리사무소에 가서 체류 신고를 한다

လူ့ဝင်မှုကြီးကြပ်ရေးနှင့် ပြည်သူ့ အင်အား ဦးစီးဌာနရုံး ဆင်ဝင်အောက် ရေ့ .

လီမင်းဟို	မင်္ဂလာပါခင်ဗျာ။ ကျွန်တော် မြန်မာပြည်မှာ နှစ်ရှည် နေထိုင်မှာ ဖြစ်တဲ့အတွက် နိုင်ငံခြားသားမှတ်ပုံတင် လာလျှောက်တာဖြစ်ပါတယ်။
လဝကဝန်ထမ်း	လိုအပ်တဲ့ စာရွက်စာတမ်းတွေ ပါပါသလား။
လီမင်းဟို	ဟုတ်ကဲ့ခင်ဗျာ။ ဒီမှာပါ။
လဝကဝန်ထမ်း	ကုမ္ပဏီလျှောက်လွှာ၊ နိုင်ငံကူးလတ်မှတ်၊ ဓာတ်ပုံ၊ နေထိုင်ခွင့် သက်တမ်းတိုးမြှင့် ခွင့်ပြုမိန့်တွေ ပါပါတယ်။ ကာယကံရှင် ကိုယ်ရေးအချက်အလက်ဖောင် ပါမလာဘူးရှင်။ ဟိုရှေ့က စားပွဲပေါ်မှာ လျှောက်လွှာစာရွက်တွေ ရှိပါတယ်။ သွားဖြည့်ပြီး ပြန်လာပါ။
လီမင်းဟို	ဖောင်ဖြည့်ပြီး ယူလာပါပြီခင်ဗျာ။
လဝကဝန်ထမ်း	ခဏစောင့်ပါ။ ပြီးပါပြီရှင်။ နိုင်ငံခြားသားမှတ်ပုံတင် လျှောက်ခ ဒေါ်လာ ၉ ဒေါ် လာ ကျပါတယ်။
လီမင်းဟို	ဒီမှာပါခင်ဗျာ။ ၁၀ဒေါ် လာပါ။
လဝကဝန်ထမ်း	၁ဒေါ် လာပိုပါတယ်။ ဒေါ် လာမရှိတော့ မြန်မာငွေ ၁၀၀၀ ယူသွားပေးပါ။

▲ 동사 ● 형용사 ★ 명사 ◆ 부사 ♣ 표현

ဗီဇာ	★ 비자	ရောက်ရှိ ဗီဇာ	★ 도착 비자
နေထိုင်ခွင့် သက်တမ်း	★ 체류기간	နိုင်ငံသားမှတ်ပုံတင်(နံပါတ်)	★ 신분증
(လဝက)လူဝင်မှုကြီးကြပ်ရေး	★ 출입국관리사무소	နိုင်ငံကူးလက်မှတ်(ပတ်စပို့)	★ 여권
ဆင်ဝင်အောက်	★ 현관	စာရွက်စာတမ်း	★ 서류
နှစ်ရှည် နေထိုင်မှု	★ 장기 체류	ကိုယ်ရေးအချက်အလက်	★ 이력
ရက်တို နေထိုင်မှု	★ 단기 체류	ဗီဇာလျှောက်သည်	▲ 비자 신청을 하다
ဖောင် ဖြည့်သည်	▲ 신청서를 작성하다	ဖောင် တင်သည်	▲ 신청하다
လျှောက်လွှာ တင်သည်	▲ 신청하다	စာရွက်စာတမ်း လျှောက်သည်	▲ 서류 신청을 하다
ဗီဇာ သက်တမ်းတိုးရမယ်။	♣ 비자 연장해야 해요	လဝက သွားရမယ်။	♣ 출입국관리사무소에 가야 돼요

နေထိုင်ခွင့် သက်တမ်း တိုးသည်	▲ 체류기간을 연장하다
အွန်လိုင်းကနေ လျှောက်လို့ ရတယ်	♣ 온라인으로 신청할 수 있어요
လျှောက်လွှာတင်ခ ဒေါ်လာ00ပါ	♣ 신청비용은 00$입니다
သက်တမ်း သိပ် မကျန်တော့ဘူး။	♣ 체류기간이 얼마 남지 않았어요

문법과 활용 သဒ္ဒါနှင့် အသုံးများ

① [동사+တဲ့ အတွက်][동사+သည့် အတွက်] 때문에, -아서[-어서/-므로]

[동사+**တဲ့ အတွက်**]는 구어체에서 쓰고, [동사+**သည့် အတွက်**]는 문어체에서 사용
한다. 사건에 대한 이유나 원인을 나타낼 때 사용한다.

(1) ဘွဲ့လက်မှတ် မရှိတဲ့ အတွက် သင်တန်း တက်ရမယ်။ 자격증이 없어서 학원에 다녀야 해요.
(2) နှစ်ရှည် နေထိုင်မှာ ဖြစ်တဲ့ အတွက် လျှောက်ရမယ်။ 장기 체류하므로 신청해야 해요.
(3) သားသမီး မရှိတဲ့ အတွက် အထီးကျန်ဆန်တယ်။ 자녀가 없어서 외로워요.
(4) အားနေတဲ့ အတွက် လျှောက်လည်တယ်။ 한가하기 때문에 돌아다녀요.

② [명사+위치어 명사] [명사+ ပေါ်/အပေါ်မှာ/ဘက်/လယ်/ကြား/ အပြင်]

기본 회화부터 고급 단계의 회화 수준까지 가려면 위치어 명사에 대해 확실히 알아야 한다. 미얀마어의 위치어 명사를 알아보자.

[명사 + ပေါ် / ဘေး / ဘက် / လယ် / ကြား / အပြင်]
[명사 + 위/ 옆/ 방향(쪽)/ 중앙 / 사이(중간)/ 곁(바깥쪽)]

(1) စားပွဲပေါ်မှာ လျှောက်လွှာရှိတယ်။ 책상 위에 신청서류가 있어요.
(2) အိမ်က စူပါမားကတ်ဘေးမှာပါ။ 집이 슈퍼마켓 옆입니다.
(3) ဘယ်ဘက်ကို သွားမှာလဲ။ 어느 방향으로 가야 해요?
(4) ကျောင်းလယ်မှာ သစ်ပင် ရှိတယ်။ 학교 중앙에 나무가 있어요.

연습하기 လေ့ကျင့်ခန်း

A 아래의 그림은 미얀마 신분증이다. 어떤 내용인지 파악해 보세요.

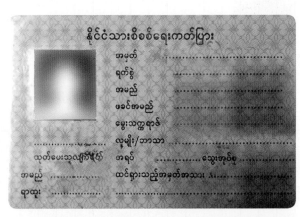

알맞은 것을 연결하세요.

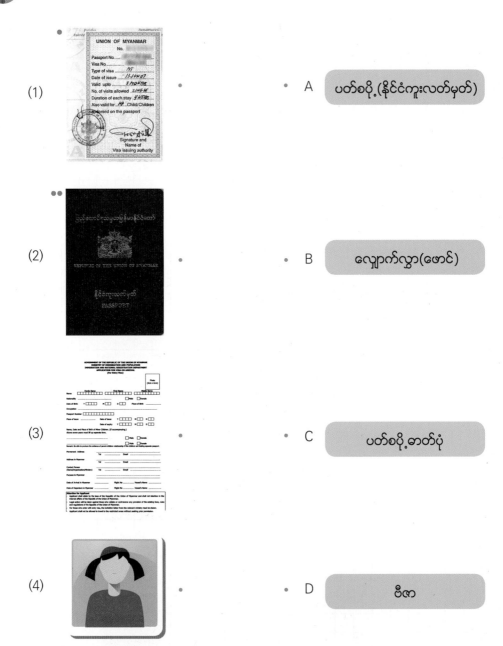

(1)

A ပတ်စပို့ (နိုင်ငံကူးလက်မှတ်)

(2)

B လျှောက်လွှာ(ဖောင်)

(3)

C ပတ်စပို့ ဓာတ်ပုံ

(4)

D ဗီဇာ

CC BY ● Larry Tomlinson ●● Noble

문화 엿보기

이번에는 미얀마 인구&출입국관리사무소 홈페이지에 대한 정보입니다. 미얀마에서 오랫동안 체류한 사람이면 출입국 홈페이지에서 공지사항을 검토해도 체류하는데 지장이 없을 겁니다. 미얀마 출입국 홈페이지에는 여러가지 메뉴가 있습니다.

1) 홈페이지 주소(http://www.mip.gov.mm)입니다.
2) 홈페이지의 한가운데를 보면 문장 [coat of arms, 紋章]이 있습니다. 문장의 하단에는 미얀마연방공화국(The Republic of the Union of Myanmar)이 있고 바로 그 밑에 인구&출입국관리사무소(Ministry of Immigration and Population)가 있습니다.
3) 이 홈페이지의 모든 메뉴를 한꺼번에 볼 수 있습니다.
　홈페이지 – 신청서류 – 사진자료 – 도착 비자 – 뉴스 – 공지사항 – 영어 – 연락처
4) 정보 마당 메뉴가 있습니다.

다음은 외국인이 미얀마에 들어올 수 있는 비자 종류입니다.

차례	비자 종류	비용($)	기 간
가	세계여행	20	28일
나	비즈니스	36	20일
다	입국(Entry visa)	36	28일
	입국(Social visa)	36	28일
	입국(Meditation)	36	정한기간내
라	경유	18	24시간

차례	비자 종류	비용($)	기 간
마	외교	0	정한기간내
바	복수 입국	180	70일
사	도착비자(Entry)	40	28일
	도착비자(Business)	50	70일
	도착비자(Transit)	20	24일

မြန်မာပုဆိုးက ကောင်းမယ်ထင်တယ်။

미얀마 롱찌가 좋겠어요 (의류 관련)

လီမင်းဟို	မမီမီရေ။ သင်္ကြန်နား နီးလာလို့လား မသိဘူး။ ရန်ကုန်ရာသီဥတုက အတော်
	ပူတာပဲဗျာ။
မီမီ	ဧပြီလကုန်ဆို ပိုပြီးတော့ ပူမယ်။ သင်္ကြန်အပြီး မေလအလွန် ဇွန်လထဲ
	ဆိုရင် မိုးရာသီက စလာပြီလေ။ ပူအိုက်ပြီး ချွေးထုတ်ခန်းရောက်နေသလို
	ခံစားရတယ်။
လီမင်းဟို	ဟုတ်တယ်။ ကျွန်တော်လည်း အမြဲတမ်း ဘောင်းဘီ ဝတ်နေကျဆိုတော့
	မြန်မာပုဆိုး ဝတ်ရမှာ ကြောက်နေတယ်။ အစဆိုတော့ ခဏခဏ
	ကျွတ်ကျမှာစိုးတယ်လေ။
မီမီ	ဟဟဟ။ မကြောက်ပါနဲ့ရှင်။ ကျင့်သားရရင် အဆင်ပြေသွားမှာပါ။
လီမင်းဟို	ဟုတ်တော့ဟုတ်ပါတယ်။ ရောမရောက် ရောမလို ကျင့်ဆိုတဲ့ စာစကား
	အတိုင်း ကျွန်တော်လည်း နောင်ဆို ပုဆိုးပဲ ဝတ်တော့မယ်။
မီမီ	သိပ် ကောင်းတာပေါ့ရှင်။ ဝတ်ဖို့ အားပေးပါတယ်။
လီမင်းဟို	တကယ်တမ်းတော့ မြန်မာရာသီဥတု အခြေအနေနဲ့ ပုဆိုး၊ ထဘီဟာ
	သင့်တော်တဲ့ အဝတ်အစား တစ်မျိုးပါ။ ရာသီဥတု အခြေအနေနဲ့ ကိုက်ညီအောင်
	ရှေးယခင်ကတည်းက တီထွင် ဝတ်ဆင်လာခဲ့ကြတာလေ။
မီမီ	မစ္စတာလီက ကျွန်မထက်တောင် ပိုသိနေပါလား။ သူ့ရာသီ ကာလဒေသနဲ့
	အညီ ဝတ်တော့ သက်သောင့်သက်သာ ရှိတာပေါ့ရှင်။

단어표현

▲ 동사　● 형용사　★ 명사　◆ 부사　♣ 표현

အပူချိန် ★ 온도, 기온		လုံလုံခြုံခြုံ ◆ 안전하게 / 안심하게	
အပူအအေးပမာဏ ★ 온도, 기온		မလုံမလုံ ◆ 안전하지 못한〈야하게〉	
မိုးလေဝသ ★ 기상		သပ်သပ်ရပ်ရပ် ◆ 깔끔하게, 말쑥하게	
မိုးလေဝသ ခန့်မှန်းချက် ★ 일기예보		မသပ်မရပ် ◆ 지저분하게	
ချွေးထုတ်ခန်း ★ 찜질방		ရိုးရာဝတ်စုံ ဝတ်သည် ▲ 전통복을 입다	
ပုဆိုး ★ 통치마(남성용)		ကျင့်သားရသည် ▲ 익숙해지다	
ထဘီ ★ 통치마(여성용)		ကြောက်သည် ▲ 두렵다/무섭다	
စကပ် ★ 치마		ရာသီဥတုနှင့် ကိုက်ညီသည် ▲ 기후에 맞다(예:기후에 맞게 차려입다)	
လုံချည် ★ 통치마(남녀)		အားပေးသည် ▲ 응원하다/추천하다	
အဝတ်အစား ★ 의복		သက်သောင့်သက်သာရှိသည် ▲ 편안하다	
အတိုအပြတ် ★ 짧은 스타일		ဖက်ရှင်အသစ်အဆန်းတွေ များတယ် ♣ 〈최신〉패션 디자인이 많아요	

문법과 활용 သဒ္ဒါနှင့် အသုံးများ

① [동사+မှာ စိုးတယ်။] [동사+ 기를 두렵고/무섭다]

[동사+မှာ စိုးတယ်။]에서 **စိုး** 동사는 두렵고/무섭다는 의미를 가지는데도 유사어인 **ကြောက်** 동사를 추가하여 [동사+မှာ စိုးကြောက်တယ်။]로 사용하기도 한다.

(1) မိဘတွေ စိတ်ပူမှာ စိုးတယ်။ 부모님이 걱정할까 봐 무섭고 두려워요.

(2) စာမေးပွဲ ကျမှာ စိုးကြောက်တယ်။ 시험에 떨어질까 봐 두려워요.

(3) အိမ်အပြန် နောက်ကျမှာ စိုးတယ်။ 귀가시간이 늦을까 봐 두려워요.

(4) ပေါင်မုန့်. စားရင် ဝမှာ စိုးတယ်။ 빵만 먹으면 살이 찔까 봐 두려워요.

② [동사+နေကျ][동사+관습적으로/습관적으로 한다]

နေကျ 는 앞에 오는 행위를 습관적으로 또는 관습적으로 으레 한다는 의미를 지니고 있다.

(1) ကျွန်မတို့. သွားနေကျ ဆိုင်လေးကို သွားကြမယ်။ 우리는 으레 찾아가는 가게만 가지요.

(2) ဒီနေ့.တော့ ဝတ်နေကျ ဝမ်းဆက်ပဲ ဝတ်မယ်။ 오늘은 으레 입는 원피스만 입을게요.

(3) သုံးနေကျ ဖုန်းပဲ ကောင်းတယ်။ 으레 사용하고 있는 휴대전화가 좋아요.

(4) ပြောနေကျ စကားတွေပါ။ 늘(으레) 한 얘기입니다.

A 빈칸을 채우세요.

ဆိုနေကျ (으레, 늘 부르는)	/	စိုးတယ် (을/를 까 봐 두렵다)
သုံးနေကျ (늘, 으레 사용한)	/	နောက်ကျ (늦을)

(1) _____ လက်ကိုင်အိတ်က ဘာတံဆိပ်လဲ။

(2) အိမ်အပြန် _____ မှာ စိုးတယ်။

(3) မဆက်သွယ်မှာ _____ ။

(4) ဒီ သီချင်းက ကာရာအိုကေဆိုင်မှာ _____ သီချင်းပါ။

B 알맞은 것을 연결하세요.

(1) •   • A ထိုင်မသိမ်း

(2) •   • B ခေါင်းပေါင်း

(3) •   • C ရင်ဖုံး

(4) •   • D ထဘီ

(5) •   • E ပုဆိုး

(6) •   • F တိုက်ပုံ

CC BY ● public.resource.org ●● NHD-INFO

문화 엿보기

문화라는 개념은 너무나 광범위하다. 한 민족의 문화란 그 민족의 태생부터 생을 마칠 때까지 사용하는 물건, 차려입는 의상 및 언어, 사람과 사람 사이의 관계, 종교, 생활 방식, 예술을 통틀어서 이르는 것이라고 인류학 학자들은 말한다.

이 장에서는 미얀마 전통의상을 소개하고자 한다. 전통의상을 보면 미얀마의 문화 및 정서, 그리고 시대적 변화를 엿볼 수가 있다.

인류가 시작하고 문명의 시대에 접어들면서 의복을 착용하기 시작했다. 머리를 길게 길러서 몸을 가리기도 하고, 나뭇잎이나 문신을 새겨 가리기도 했다. 나중에는 동물 가죽을 말리거나 나무껍질을 착용하기도 한다.

미얀마에서는 18세기 다가웅 시대(Tagaung Kingdom)에 군복이 있었다는 증거가 있고, 바간 시대에는 남성용 아래치마는 '빠소-ပုဆိုး', 여성용 아래치마는 '타미-ထဘီ'라는 의류에 관련된 용어가 있었다는 것을 파고다 비석을 통해서 확인할 수 있었다.

바간 시대부터 미얀마에서는 날씨와 부끄러움을 가리기 위해 의류를 활용하기 시작했다. 이때부터 치마뿐만 아니라 상의도 착용하기 시작했다.

지금 미얀마에서는 젊은 세대가 패션을 중요하게 여기며 유행을 주도하고 있다. 특히 미얀마의 여성 리더라고 할 수 있는 아웅 산 수지 여사의 패션이 젊은 세대 사이에 급격하게 인기를 끌면서 패션계의 파문을 일으키기도 했다. 여성 리더가 미얀마 전통 의복을 전통문화에서 벗어나지 않게 착용하였기 때문에 큰 인기를 끌고 있다.

미얀마의 기후는 고온다습한 열대 몬순 기후이기 때문에 청바지보다는 스타일이 독특한 미얀마식 전통 통치마가 기후에도 적합하다.

※ 참고 : Ma Moe Oo의 "문화에 관련된 생각들 기사"에서 나온 문화 개념 내용 참고

ရာသီဥတုက အရမ်းပူတော့ စားချင်စိတ်တောင် မရှိဘူး။

날씨가 너무 더워서 식욕이 없어요 (권유하기)

လီမင်းဟို	ကျွန်တော် ကုမ္ပဏီအလုပ်ကြောင့်လား။ ဒါမှမဟုတ် ရာသီဥတုက အရမ်း ပူလို့ ပဲလားတော့ မသိ၊ အခုတလော စားချင်စိတ်ကို မရှိဘူး ဖြစ်နေတယ်။
မိမိ	မြန်မာလို "ခံတွင်းပျက်တယ်"လို့ ပြောပါတယ်။
လီမင်းဟို	ဟုတ်ကဲ့။ အဲ့ဒီ စကားလုံး သိချင်နေတာနဲ့ အတော်ပဲဗျာ။
မိမိ	"ခံတွင်းပျက်"နေတဲ့ အချိန် ရှောင်ရန်၊ဆောင်ရန်လေး ပြောပြရမလား။
လီမင်းဟို	ကောင်းတာပေါ့ဗျာ။
မိမိ	ဟိုတနေ့က ကျန်းမာရေး စာစောင်မှာ ဖတ်လိုက်ရတယ်။ - ပုံမှန်ကိုယ်ကြိုက်ခဲ့တဲ့ အစားအစာကို နည်းနည်းနဲ့ မကြာခဏ စားပေးရန်၊ ◆ ညီတဲ့ အသားငါးတွေ ရှောင်ရန်၊ ◆ အာဟာရဖြည့်စွက်ဆေး သုံးရန် နဲ့ ◆ ဟင်းထဲကို သဘာဝ ဟင်းခတ် အမွှေးအကြိုင် တွေ ထည့်ချက်ပြီး သုံးဆောင်ရမယ်တဲ့။
လီမင်းဟို	ဒီနေ့ကစပြီး လိုက်နာ ဆောင်ရွက်ကြည့်ပါမယ်ခင်ဗျာ။
မိမိ	ကောင်းပါပြီ။

단어표현

▲ 동사　● 형용사　★ 명사　◆ 부사　✚ 표현

ခံတွင်းပျက်သည်	▲ 식욕이 없다	မက်မက်မောမော	★ 갈망, 열망, 동경
ရှောင်သည်	▲ 피하다	တောင့်တောင့်တတ	★ 갈망, 탐
ဆောင်သည်	▲ 가지다/지니다	ထူးကဲတဲ့ မွှေးရနံ့	★ 탁월한 향
ဗီတာမင် အားဆေး သောက်သည်	▲ 영양제를 복용하다	အာဟာရဓာတ်	★ 영양소
ဆောင်ရွက်သည်	▲ 실시,행하다	အဆီဓာတ်	★ 지방
ဟင်းခတ်အမွှေးအကြိုင်ခတ်သည်	▲ 향식료를 넣다	အသားဓာတ်	★ 단백질
မဆလာ သုံးစွဲသည်	▲ 카레가루를 사용하다	ဆောင်ရန်၊ရှောင်ရန်	★ 허용/금기 사항
အဆီဓာတ်များသည်	▲ 지방이 많다	နို့ထွက်ပစ္စည်းများ	★ 유제품(Dairy Product)

문법과 활용　သဒ္ဒါနှင့် အသုံးများ

① [ဒါမှ မဟုတ်ရင် - 그렇지 않으면(또는)]

[ဒါမှ မဟုတ်ရင် - 그렇지 않으면(또는)]접속사를 구어체에서는 ဒါမှ မဟုတ်ရင် 중에 (ရင်)를 생략 가능하며 가끔 ဒါမှ မဟုတ် 를 줄여서 사용한다.

(1) ခိုင်းတဲ့ အတိုင်း လုပ်ပါ ဒါမှမဟုတ်ရင် အချိန်မီ ပြီးမှာ မဟုတ်ပါ။
　　지시하는(시키는) 대로 하세요. 그렇지 않으면 제시간에 끝나지 않을 겁니다.

(2) တချို့က စတူဒီယို ဒါမှမဟုတ် ကျောင်းထဲမှာ ဘွဲ့ဓာတ်ပုံတွေ ရိုက်တယ်။
　　어떤 사람들은 스튜디오 아니면 학교 캠퍼스에서 졸업사진을 찍어요.

(3) ဇွန်လ ဒုတိယအပတ် ဒါမှမဟုတ် တတိယအပတ်မှာ လာမယ်။
　　6월 둘째 주 아니면 셋째 주에 올 겁니다.

(4) ထောင်ဒဏ် ၁လ ဒါမှမဟုတ် ဒဏ်ငွေ ဆောင်ရမယ်။ 징역 1개월 아니면 벌금을 물어야 합니다.

② [문장+~라고 한다] [문장+လို့ ပြောတယ်။]

[문장+လို့ ပြောတယ်။]는 간접화법이다. 남의 말을 인용할 때 주로 사용한다.

(1) အချိန်ကို တန်ဖိုးရှိစွာ အသုံးချပါလို့ ပညာရှိတွေက ပြောတယ်။
　　시간을 소중히 활용해야 한다고 성인(聖人)들이 말합니다.

(2) ကုသိုလ်ကောင်းမှု လုပ်ရမယ်လို့ ဆရာတော်က ပြောတယ်။ 선한 일을 해야 된다고 큰스님이 말씀하십니다.

(3) ကျန်းမာရေး ဂရုစိုက်ပါလို့ ဆရာဝန်က ပြောတယ်။ 건강을 조심하라고 의사 선생님이 말씀하십니다.

(4) ဒီလ ကံကောင်းမယ်လို့ ဗေဒင်ဆရာက ပြောတယ်။ 이번 달 운수가 좋다고 점쟁이가 말합니다.

A 빈칸을 채우세요.

(1) ဆံပင် တစ်ပတ်ကို တစ်ခေါက်_____ နှစ်ခေါက် လျှော်ပါ။ (_____)
머리를 일주일에 한번 ·············· 두번 감으세요. (아니면)

(2) လုပ်အားပေး _____ အလှူငွေ လုပ်မယ်။ (_____)
봉사활동 ·············· 기부금 낼 겁니다. (아니면)

(3) ဆေးမှန်မှန် စား _____ ။ (_____)
약을 제시간에 먹 ·············· (어야 된다고 한다)

(4) အချိန်မှန်မှန် အိပ် _____ ။ (_____)
제시간에 자 ·············· (라고 한다)

B 알맞은 것을 연결하세요.

(1)   • • A ပိုတက်ဆီယမ်ဓာတ် (칼륨)

(2)   • • B အဆီ (지방)

(3)   • • C အသားဓာတ် (단백질)

(4)   • • D ကဖင်းဓာတ် (카페인)

(5)   • • E အရက် (알코올)

(6)   • • F သံဓာတ် (칼슘)

(7)   • • G ကယ်လိုရီ (칼로리)

문화 엿보기

● ▲ 2008년 미얀마를 강타한 대형 사이클론 나르기스(Cyclone Nargis)에 의한 침수 모습

미얀마에는 세 개의 계절이 있다. 여름철, 우기, 그리고 겨울철이다.
여름철은 3월부터 6월까지이며, 우기는 6월부터 9월, 겨울은 10월부터 2월까지
다. 여름철 평균 기온은 35~40도 이상이고, 우기에는 27~30도 정도되며, 겨울
철에는 17~18도 정도된다.
최근 들어 미얀마 날씨가 점점 악화되면서 자연재해가 자주 발생한다. 2015년 우
기에는 열대성 비가 심하게 내려 깔레도시(Kalay City)에서 수재민 피해가 많이
발생했고 주택 및 시설이 모두 파괴되었다.

미얀마 기상청에 따르면 2001년부터 2007년까지 미얀마 북부지역, 까잉주
(Kayin State), 몬주(Mon State) 외 타 지역에서는 열대성이 심해졌다고 한다.
특히 까친주(Kachin State)의 수도 밋찌나 도시(MyitKyina City), 싸가인 도
(Sagaing Division)의 깔레와 지역의 기온이 섭씨 0.95~1도 높아졌다고 한다.

1991년부터 2000년도까지 전국의 기온이 점점 높아지고 있으며 만달레이 지역,
사가잉 지역, 까친주, 샨주 지역 기후와 온도는 크게 달라졌다. 이와 같은 기후 변
화로 인해 미얀마는 1952년 이후 기온이 계속 올라가고 있고, 강수량은 점점 줄
어 들고 있다고 한다.

ⓒⓘ BY ● Neryl Lewis

အခန်း ၁၂

ဖုန်း ဆင်းမ်ကတ်ပဲ ဝယ်မယ်။

휴대전화 유심만 살게요 (전화 사용하기)

လီမင်းဟို — မမီမီရေ။ ကျွန်တော့် သားအတွက် ဖုန်းနံပါတ် အသစ် တစ်ခုလောက် ရချင်တယ်ဗျာ။

မီမီ — ဟုတ်ပြီလေ။ ဖုန်းဟန်းဆက် ကိုရီးယားကနေ ပါလာတယ်မဟုတ်လား။
ဒီမှာက တရုတ်ထုတ်တွေ များတယ်။

လီမင်းဟို — ပါလာတာပေါ့ဗျာ။ ကျွန်တော့်သားမှာ ရှိနေတဲ့ ဖုန်းဟန်းဆက်ထဲ
ဆင်းမ်ကတ်ပဲ ထည့်လိုက်ရင် ရပြီ မဟုတ်လား။

မီမီ — ဟုတ်ကဲ့ ။ အဲ့ဒီလို လုပ်ရင် ရပါပြီ ။ ဆင်းမ်ကတ်က အသုံးများတာ နှစ်မျိုး
နှစ်စားရှိတယ်။ မြန်မာ့ဆက်သွယ်ရေးလုပ်ငန်းထုတ် MPT ဆင်းမ်ကတ်ရယ်
Telenor ရယ်ပါ။

လီမင်းဟို — ကျွန်တော် နှစ်မျိုးလုံး သုံးကြည့်မယ်လေ။ ဆင်းမ်ကတ်များ ဘယ်နေရာ
က ဝယ်ဝယ် အဆင်ပြေတယ်မဟုတ်လား။

မီမီ — ဘယ်နေရာမဆို ဝယ်လို့ရပါတယ်။ သားအတွက်ဆိုတော့ ငါးထောင်၊
တစ်သောင်းလောက် ဖုန်းဘေဖြည့်ထားရင် ရမယ်ထင်ပါတယ်။

လီမင်းဟို — ဟုတ်ကဲ့ ။ ကျွန်တော်လည်း အဲ့ဒီလို စဉ်းစားထားပါတယ်။

မီမီ — အမြန်သာ သွားဝယ်လိုက်ပါတော့ရှင်။

단어표현

▲ 동사　● 형용사　★ 명사　◆ 부사　♣ 표현

ဆင်းကတ် ★ 칩	ဖုန်းဖိုး အားသွင်းသည် ▲ 전화요금 충전하다(선불폰)
ဆမ်ဆောင်းဖုန်း ★ 삼성폰	ဖုန်းသွေကုန်သည် ▲ 전화요금이 없다
ဟာဝေးဖုန်း(တရုတ်ဖုန်း) ★ Huawei폰	နိုင်ငံခြားဖုန်းခေါ်သည် ▲ 국제 전화를 걸다
LGဖုန်း ★ LG폰	ပြည်တွင်းဖုန်း ခေါ်သည် ▲ 국내 전화를 걸다
အိုင်ဖုန်း(i-phone) ★ 아이폰	အင်တာနက် ချိတ်ဆက်ပေးသည် ▲ 인터넷을 설치해준다
ကြိုးဖုန်း ★ 집전화	တစ်မိနစ် ဖုန်းခေါ်ဆိုခ ★ 1분 요금제
မြန်မာ့ဆက်သွယ်ရေး ★ 미얀마통신사	နိုင်ငံခြား ဖုန်းခေါ်ဆိုခ ★ 국제 요금제
ဖုန်းဟန်းဆက် ★ 휴대전화	ဒေတာ မြန်ပါတယ် ♣ 데이터가 빠릅니다
ဖုန်းအဟောင်း ★ 중고폰	

문법과 활용　သဒ္ဒါနှင့် အသုံးများ

① [의문문+မဆို] [의문문+어느 때고/언제든/무슨 일이든/누구든/어떻게든]

[의문문+든지]형은 의문문인 **ဘယ်** / **ဘယ်သူ** / **ဘာ** / **ဘယ်လို** 의문문과 합쳐 사용할 수 있다.

- **ဘယ်နေရာမဆို** 어디든 / **ဘာမဆို** 무엇이든 / **ဘယ်သူမဆို** 누구든
- **ဘယ်ကိစ္စမဆို** 무슨 일이든 / **ဘယ်အချိန်မဆို** 어느 때고 / 언제든
- **ဘယ်လိုမဆို** 어떻게든 / **ဘာကြောင့်မဆို** (X)

(1) ဘယ်နေရာမဆို wifi သုံးလို့ ရတယ်။ 어디든 와이파이를 사용할 수 있어요.
(2) ဘာမဆို အကုန် စားပါတယ်။ 무엇이든 다 잘 먹어요. (까다롭지 않다는 의미)
(3) ဘယ်သူမဆို ကြည့်ရှုနိုင်တယ်။ 누구든 관람할 수 있어요.
(4) ဘယ်ကိစ္စမဆို ပြောပါ။ ကူညီပေးပါမယ်။ 무슨 일이든 얘기하세요. 도와드릴게요.

② [상태/상황+ဆိုတော့] [상태/상황+기 때문에/-므로]

[상태/상황+**ဆိုတော့**]형은 상황이나 상태의 이유나 근거를 나타낸다.

(1) ဘွဲ့ရတော့မှာဆိုတော့ ရင်တွေ ခုန်တယ်။ 졸업할 거니까 가슴이 두근거려요.
(2) ကိုယ်ဝန်နဲ့ဆိုတော့ ကျန်းမာရေး ဂရုစိုက်ရမယ်။ 임신 중이니 건강을 조심해야 해요.
(3) နေမကောင်းဘူးဆိုတော့ ဒီနေ့ အနားယူပါ။ 아프니 오늘은 쉬시지요.
(4) အကြီးဆိုတော့ အလျှော့ပေးလိုက်။ 큰 애니까 양보해라.

A 각 문장을 완성하세요.

> ဘာမဆို (무엇이든) / ဘယ်သူမဆို (누구든) /
> ဘာကိစ္စမဆို (무슨 일이든) / ဘယ်ဆိုင်မှာမဆို (어느 가게에서도)

(1) _____ အကုန်စားတယ်။ (_____) ·············· 다 먹어요.

(2) _____ ဆင်းကတ် ဝယ်လို့ ရတယ်။ (_____)
·············· 칩을 구입할 수 있어요.

(3) _____ တိုင်ပင်ပါ။ (_____) ·············· 의논하세요.

(4) _____ လာရောက် ကြည့်ရှုနိုင်တယ်။ (_____)
·············· 와서 관람할 수 있어요.

B 알맞은 것을 연결하세요.

(1) · · A ဝက်ဆိုဒ်

(2) www. asianhub. kr · · B အင်တာနက်

(3) · · C လင့်(ခ်)

(4) · · D ဝိုင်ဖိုင်(Wifi)

(5) · · E ကျူအာကုတ်

(6) · · F ဘလော့

(7) Blog · · G ဖေ့စ်ဘုတ်

미얀마의 대표 통신사는 세 곳으로 미얀마 통신, 텔레노르 노르웨이(Telenor Norway)와 Ooredoo Qatar다. 10년 전만 해도 미얀마 통신비용이 꽤 비싸서 웬만한 사람들은 가질 수 없었다. 그러나 최근에는 외국 통신사 두 곳이 들어와서 서로 경쟁을 하면서 저렴한 가격으로 미얀마 국민에게 판매하고 있다.

예전에는 미얀마에서 외국으로 전화 거는 것 자체가 엄두가 안 날 정도로 비쌌지만 지금은 외국으로 전화를 걸 때 1분에 100~200짯(Kyat, 미얀마 화폐 단위) 정도로 저렴해졌다. 요금이 저렴해진 덕분에 국내나 외국으로 부담 없이 통화할 수 있는 한편 미얀마 국민들의 생활 수준에도 큰 영향을 끼치고 있다.

그러나 미얀마의 통신비용은 주변 국가들보다 100배 비싸고 1분당 통신비 또한 태국보다 2배 높다. 2011년 통계 분석에 따르면, 미얀마 내에서 사용하는 휴대 전화는 130만 개다. 미얀마 인구를 6천만 명으로 치면 40명에 1명꼴로 휴대전화를 사용하는 셈이다.

အခန်း ၁၃

ရန်ကုန် နိုင်ငံခြားဘာသာတက္ကသိုလ် မြန်မာစာ ဌာနမှာ ကျောင်းအပ်ချင်တယ်။

양곤외대 미얀마어과에 등록하고 싶어요 (입학)

လီမင်းဟို	မမီမီ။ ဒီမှာ ကြည့်ပါဦး။ YUFL မှာ မြန်မာစာသင်တန်း နိုင်ငံခြားသားများ အတွက် သီးသန့်ဆိုတဲ့ သတင်းပါလာတယ်ဗျ။
မီမီ	မဆိုးဘူးပဲ။ ညနေသင်တန်းဆိုတော့ အချိန်တွေ မပုပ်တာပေ့။
လီမင်းဟို	ဟုတ်ပဗျာ။ ကျွန်တော်လည်း ကုမ္ပဏီ တက်တဲ့အချိန်လည်း မထိခိုက်ဘူး။
မီမီ	ပြီးခဲ့တဲ့နှစ်က ကျွန်မ သင်ပေးထားခဲ့ဖူးပေမယ့် YUFL သွားတက်ရင်တော့ သဒ္ဒါမှန်မှန်လည်း သင်လို့ရ၊ သူငယ်ချင်း(မိတ်ဆွေ)အသစ်တွေလည်း ရတာပေ့။
လီမင်းဟို	ဟုတ်တယ် ။ တစ်ယောက်တည်း သင်တာထက် အများနဲ့ သင်တော့ ပိုကောင်းမလားလို့ပါ။
မီမီ	ကောင်းပြီလေ။ သတင်းမှာ ဆက်သွယ်ရန် ဖုန်းနံပါတ်လည်း ပါတယ် ဆိုတော့ ဆက်သွယ်ကြည့်ပေ့ါ။
လီမင်းဟို	ကျွန်တော့် ကိုရီးယား စီနီယာတွေဆီကို အရင် စုံစမ်းကြည့်မယ်။
မီမီ	ဟုတ်တယ်။ ပြင်ဆင်သင့်တာ ပြင်ဆင်လို့ ရတာပေ့ါ။

단어표현

▲ 동사　● 형용사　★ 명사　◆ 부사　♣ 표현

(ရန်ကုန်/ မန္တလေး) နိုင်ငံခြားဘာသာတက္ကသိုလ် ★ (양곤/만달레이)외국어대학교	ကျောင်းအပ်သည် ▲ 등록하다
ကောလိပ် ★ 전문대학(colledge)	ကျောင်းလခသွင်းသည် ▲ 등록금을 내다
ဒီပလိုမာ ★ 수료증(과정/졸업장-Diploma)	ဘွဲ့လက်မှတ် ရရှိသည် ▲ 자격증을 수료받다
လိုင်စင်ရသူ ★ 자격증 소지자	သင်တန်းဆင်းသည် ▲ 수료하다
အထက်တန်းအောင် ★ 고졸(고등학교 졸업자)	စာမေးပွဲ ဖြေသည် ▲ 시험을 보다
ဝင်ခွင့်စာမေးပွဲ ★ 수능시험	စာမေးပွဲ အောင်သည် ▲ (시험에)합격하다
အင်တာဗျူး ★ 인터뷰	အရေးစွမ်းရည် မြင့်မားတယ် ♣ 쓰기 능력이 뛰어나다
ညနေသင်တန်း ★ 야간수업	အဖတ်စွမ်းရည် မြင့်မားတယ် ♣ 읽기 능력이 뛰어나다
မနက်သင်တန်း ★ 오전수업(주로 회사원 대상으로 출근 전 시간을 뜻함)	အကြားစွမ်းရည် မြင့်မားတယ် ♣ 듣기 능력이 뛰어나다
00 သီးသန့် သင်တန်း ★ 00 전용 학원	အပြောစွမ်းရည် မြင့်မားတယ် ♣ 말하기 능력이 뛰어나다
	4skills ကျွမ်းကျင်ပါတယ် ♣ 4가지 영역이 전문화되다
	စကားပြော အရမ်းကျွမ်းပါတယ် ♣ 말하기(회화)실력이 뛰어나다

문법과 활용　သဒ္ဒါနှင့် အသုံးများ

① [이름+ဆိုတဲ့] [이름+라는]

[이름+**ဆိုတဲ့**]형은 명사 뒤에 붙어 "명사"라는 뜻으로 사용한다. 여기서 유의해야
하는 점은 [문장+**ဆိုတဲ့**]형 같은 경우엔, 문장 뒤에 붙어['문장'이라고 말하는/의미
하는/관계가 있는] 뜻을 가진다.

(1) ဗိုလ်ချုပ်အောင်ဆန်းက နတ်မောက်ဆိုတဲ့ မြို့လေးမှာ မွေးဖွားပါတယ်။
아웅산 장군은 '넷마웃'이라는 작은 도시에서 태어났어요.

(2) ငါဆိုတဲ့ မာန် မရှိရဘူး။ '나'라는 자만심을 가지면 안 됩니다.

(3) အချစ်ဆိုတဲ့ အရာ။ "사랑"이라는 것.

(4) မြို့တော်ဝန်လုပ်မယ်ဆိုတဲ့ စကားကို ကြားတယ်။ 시장(市長)하겠다는 말을 들었어요.

2 [상황+ကောင်းမလားလို့ပါ။] [상황+좋지 않을까 해서요]

[상황+**ကောင်းမလားလို့ပါ။**]형은 상대한테 A보다 B를 선택하는 것이 좋지 않으냐고 제안할 때 주로 사용한다.

(1) ကောလိပ်တက်တာထက် တက္ကသိုလ်တက်တာက ပိုကောင်းမလားလို့ပါ။
전문대학 다니는 것보다 대학교 다니는 것이 더 좋지 않을까 해서요.

(2) ဘဝရည်မှန်းချက် ပန်းတိုင် ရှိတာက ပိုကောင်းမလားလို့ပါ။
인생의 목표를 정해놓는 게 좋지 않을까 해서요.

(3) ထမင်းအတူတူ စားတာ ပိုကောင်းမလားလို့ပါ။
식사를 같이하는 것이 좋지 않을까 해서요.

(4) အလုပ်လုပ်ပြီး ပိုက်ဆံရှာတာ ပိုကောင်းမလားလို့ပါ။
일하고 돈 버는 것이 좋지 않을까 해서요.

연습하기 လေ့ကျင့်ခန်း

A 알맞은 것을 고르세요.

> အပြောစွမ်းရည် (말하기 능력) / အရေးစွမ်းရည် (쓰기 능력)
> အကြားစွမ်းရည် (듣기 능력) / အဖတ်စွမ်းရည် (읽기 능력)

(1) စကားပြော အရည်အချင်း ကောင်းတယ်။ (_____)
말하기 실력이 좋아요.

(2) အက်ဆေးအရေးအသား ကောင်းတယ်။ (_____)
에세이 글쓰기 실력이 좋아요.

(3) အင်္ဂလိပ်သတင်းစာ မြန်မြန် ဖတ်နိုင်တယ်။ (_____)
영문으로 된 신문을 빨리 읽을 수 있어요.

(4) ဘီဘီစီသတင်း အကုန် နားလည်တယ်။ (_____)
BBC뉴스를 다 이해해요.

B 알맞은 것을 연결하세요.

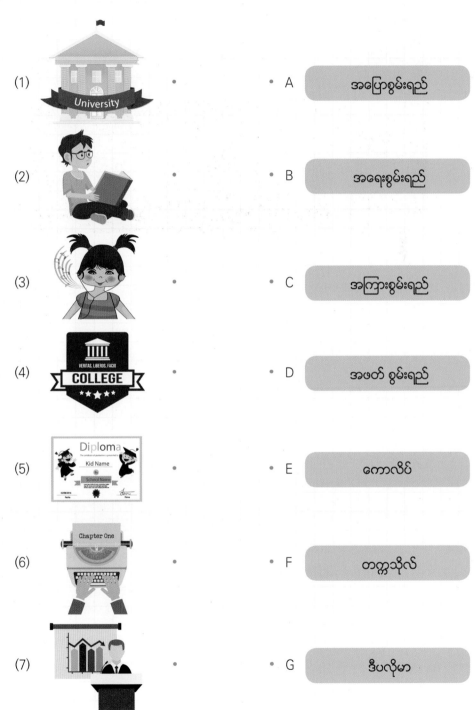

(1)

(2)

(3)

(4)

(5)

(6)

(7)

A အပြောစွမ်းရည်

B အရေးစွမ်းရည်

C အကြားစွမ်းရည်

D အဖတ် စွမ်းရည်

E ကောလိပ်

F တက္ကသိုလ်

G ဒီပလိုမာ

양곤외국어대학교에서는 매 학기 야간 수업을 진행하고 있다. 야간 수업에서는 주로 중국어, 영어, 프랑스어(통역 및 번역), 독일어, 일본어, 한국어, 러시아어, 태국어와 미얀마어(외국인 전용)를 배울 수 있다. 야간 수업은 고등학교를 졸업한 사람들이 신청할 수 있으며 수강생 수가 제한되어 있기 때문에 가능하면 빨리 신청해야 한다.

양곤외국어대학교 미얀마어과의 수업 내용은 다음과 같이 진행된다.

Diploma In Myanmar (http://yufl.winnercomputergroup.com/myanmar-2)

1학년	1학기	
		▶ 미얀마어를 전혀 모르거나 조금 아는 학생들을 위해 미얀마어를 기초부터 자음·모음 및 성조를 체계적으로 가르쳐 미얀마어의 특징을 살려 글자 하나하나가 가지고 있는 뜻을 익히게 한다. 기초 자음·모음부터 절 단위, 단어 단위, 문장 단위까지 단계적으로 미얀마어를 익히고, 다음으로 회화 연습을 학습하고 결과적으로 살아있는 일상생활어를 익히게 한다.
		▶ 미얀마어 자음·모음을 올바르게 읽게 하고, 자음·모음, 그리고 성조를 합쳐 소리가 날 수 있는 모든 문자를 익히도록 한다. 일상생활에서 사용하는 단어를 읽고 습득함으로써 문어와 구어의 균형을 맞춰준다.

 ● Kwantonge

1학년	1학기	
		▶ 말하기, 듣기, 읽기, 쓰기를 연습함으로써 문법이나 대화를 할 때 올바르게 사용할 수 있도록 지도하고, 문어와 구어의 차이점을 알려줘 이해도를 높인다.
		▶ 4가지 영역을 익히고 난 다음에 이미 습득한 단어와 문장으로 문서와 비스니스 회화를 익히도록 한다.

1학년	2학기	
		▶ 이전 학기 때 습득한 단어와 문장을 가지고 난이도가 한 단계 높은 형용사 및 부사가 들어간 긴 문장으로 회화 연습과 단문장의 접속사를 소개한다. 회화 연습을 통해 말하기 및 듣기 실력을 높여준다.
		▶ 기초 단어 및 문장을 가지고 에세이, 허가서, 휴가 신청 허가, 국내 체류 연장 신청하는 방법 및 일기장 같은 읽기용 자료를 가지고 읽기 연습을 한다.
		▶ 앞 단계에서 배운 것을 활용해 미얀마어의 쓰기 능력을 높여준다.
		▶ 미얀마어를 체계적으로 그리고 통사적으로 올바르게 회화할 수 있도록 연습한다.

2학년	1학기	
		▶ 미얀마어의 특징 억양 및 성조 발음법을 집중적으로 지도함으로써 말하기 능력을 높여준다.
		▶ 새 단어를 익히고 읽기 능력을 높여준다. 읽기 연습 시 글의 요점을 파악하고 요약할 수 있는 능력을 키운다.
		▶ 뉴스와 통신에서 사용하는 미얀마어를 소개하고 현재 미얀마의 흐름을 소개한다.
		▶ 미얀마의 문화 및 풍습을 소개하고 미얀마 사람들의 특징 및 정서를 이해할 수 있게 한다.

2학년	2학기	
		▶ 말하기 및 듣기 영역에서는 억양 및 성조의 특징들을 살려 올바르게 대화할 수 있도록 연습한다. 속담 및 관용어, 숙어를 익혀 대화할 때 자연스럽게 사용할 수 있도록 연습한다.
		▶ 분야별로 문어 연습을 함으로써 에세이, 일기장, 여행 에세이, 보고서 쓰는 능력을 시켜준다.

အိမ်သစ်တက်ပွဲ ဖိတ်စာပို့ လိုက်တယ်။ ရလား။

집들이 초대장 보냈는데 받았나요? (가정, 생활용품)

လီမင်းဟို	ဟယ်လို။ မမီမီ။ ဖုန်းခဏလောက် ပြောလို့ ရမလား။
မီမီ	ဟုတ်ကဲ့ ပြောပါ။ အမိန့်ရှိပါ။
လီမင်းဟို	ကျွန်တော် ပြီးခဲ့တဲ့ အပတ်က အိမ်သစ်တက်ပွဲ ဖိတ်စာ ပို့လိုက်တယ်။ ရရဲ့လားမသိဘူးနော်။
မီမီ	သြော။ ဟုတ်သားပဲ။ ညနေ ရုံးဆင်းရင် ပြောမလို့ပဲ။ အိမ်သစ်တက်ပွဲ ဆက်ဆက် လာခဲ့ပွံ့မယ်။ ကျွန်မ သူငယ်ချင်း ခင်သီတာကို ရော ခေါ်လာလို့ ရတယ် မဟုတ်လား။
လီမင်းဟို	ပြောနေရမယ့် လူတွေလားဗျာ။ များများ ခေါ်လာခဲ့ပါ။ ကျွန်တော် ချက်နိုင်သလောက် ကိုရီးယားအစားအစာတွေ ချက်ထားပါ့မယ်။
မီမီ	ကျေးဇူးပါရှင်။ မြန်မာမှာတော့ အိမ်သစ်တက်ပွဲမှာ လက်ဆောင် သိပ်ယူမသွားကြဘူး။ ကိုရီးယားမှာတော့ အိမ်သစ်တက်ပွဲဆိုရင် ဆပ်ပြာမှုန့်၊ တစ်ရှူးလိပ်၊ တခြား ပစ္စည်းတွေ ယူသွားရတယ်ဆို။
လီမင်းဟို	ကိုရီးယားမှာ အိမ်သစ်တက်ပွဲ ဆိုရင် အဲ့ဒီလို လုပ်ပါတယ်။ အခုလုပ်မှာက မြန်မာမှာဆိုတော့ လူချည်းပဲ လာပါဗျာ။ ကျွန်တော်တို့ ညှိခံပွံ့မယ်။
မီမီ	ခစ်ခစ်ခစ်။ ဟုတ်ပါပြီ။ အဲ့ဒီနေ့မှာ (အိမ်သစ်တက်ပွဲ) တွေ့မယ်နော်။

단어표현

▲ 동사　● 형용사　★ 명사　◆ 부사　♣ 표현

အိမ်သစ်တက်ပွဲ ★ 집들이	ဖိတ်ကြားသည် ▲ 초대하다
ဖိတ်ကြားစာ ★ 초대장	ဆက်သွယ်သည် ▲ 연락하다
အိမ်နီးနားချင်းမိတ်ဆွေ ★ 이웃	ချက်ပြုတ်သည် ▲ 요리하다
ကိုရီးယားအစားအစာ ★ 한국 음식	လက်ဆောင်ပေးသည် ▲ 선물을 주다
ဆပ်ပြာမှုန့် ★ (빨래)가루비누	ည့်ခံကျွေးမွေးသည် ▲ 대접하다
တစ်ရှူးလိပ် ★ 휴지	ရုံးဆင်းသည် ▲ 퇴근하다
ပစ္စည်း ★ 물건	ရုံးတက်သည် ▲ 출근하다
မြန်မာထမင်းဟင်း ★ 미안마 요리	အိမ်သစ်တက်ပွဲမှာ တွေ့ကြမယ် ♣ 집들이 때 만납시다. 만나자
မြန်မာရိုးရာမုန့် ★ 미안마 전통 제과	လက်ဆောင်တွေ ပြင်ဆင်ထားပါတယ်
ကိုရီးယား တော့ပို့ကီ ★ 한국 떡볶이	♣ 선물 준비해 놓았어요

문법과 활용　သဒ္ဒါနှင့် အသုံးများ

① [동사+မလို့ပါ / ၍] [동사+-려고요]

[동사+**မလို့ပါ / ၍**]형은 앞에 나온 '동사'를 할 생각이 있다 또는 계획하고 있다는 의미를 지니고 있다.

(1) ထမင်းချက်မလို့ပါ။ 밥을 지으려고요.　　(2) စာကြည့်မလို့ပါ။ 공부를 하려고요.

(3) အီးမေးပို့ မလို့ပါ။ 메일을 보내려고요.　(4) အခု ဖုန်းပြောမလို့ပါ။ 지금 통화하려고요.

② [동사+ခဲ့] [동사+ 미래형]

[동사+ **ခဲ့**]형은 세 가지의 뜻을 가지고 있다. (1)과거의 일어난 일을 묘사할 때 (2) 미래의 상황을 묘사할 때와 (3)지시할 때 주로 사용한다. 여기서의 [동사+ **ခဲ့**]형은 2번의 뜻인 미래의 상황을 묘사할 때 사용한다.

※ 세 가지의 뜻을 가지고 있는 [동사+ **ခဲ့**]형을 어떻게 구분할 수 있는지 살펴 볼 필요가 있다.
　 [동사+ **ခဲ့**]형 뒤에 따라오는 종결어미(終結語尾)를 보고 구분할 수 있다.

(1) မနက်ဖြန် လာခဲ့ပါမယ်။ 내일 오겠습니다.

(2) ရီပို့ အပြီး ရေးခဲ့မယ်။ 리포트를 마무리하겠습니다.

(3) သူငယ်ချင်းကို ခေါ် လာခဲ့မယ်။ 친구를 데리고 오겠습니다.

(4) ထမင်းဘူး ယူလာခဲ့မယ်။ 도시락을 가지고 오겠습니다.

A 알맞은 단어를 고르세요.

ဆပ်ပြာမှုန့်နှင့် တစ်ရှူးလိပ် (가루비누와 티슈) | လက်ဖွဲ့ (축의금)
ကူဝေ (성금) | အလှူငွေ (성금/신뷰행사 및 미얀마 성인식)

(1) ကိုရီးယားအိမ်သစ်တက်ပွဲသွားရင် _____ ယူသွားရတယ်။ (_____)
한국의 집들이 갈 때 ……… 가져가야 해요.

(2) သူငယ်ချင်း မင်္ဂလာဆောင်ရှိတယ် ။ ဘာ _____ ပေးရင် ကောင်းမလဲ။ (_____)
친구의 결혼식 있어요. 무엇을 ……… 주면 좋을까요? (미얀마의 축의금 개념은 물품 및 돈을 뜻함)

(3) အသုဘ အခမ်းအနား သွားရမယ်လေ။ _____ ဘယ်လောက် ထည့်မှာလဲ။ (_____)
장례식에 가야 해요. ……… 얼마를 낼 건가요?

(4) ရှင်ပြုအလှူအတွက် _____ ငါးထောင် ထည့်ခဲ့တယ်။ (_____)
신뷰(성인식 행사) 위해 ……… 5천 짯(Kyat)을 냈어요.

B 알맞은 것을 연결하세요.

(1) • • A မွေးနေ့မင်္ဂလာဖိတ်ကြားလွှာ

(2) • • B အသုဘရှု ဖိတ်ကြားလွှာ

(3) • • C အိမ်သစ်တက်ပွဲမင်္ဂလာဖိတ်ကြားလွှာ

● ▲ 부통령 취임식 후 집들이 하는 모습

နေပြည်တော်ရှိ မြန်မာဒုသမ္မတ ဦးဟင်နရီပန်းထီးယူရဲ့ အိမ်တော်မှာ ဒီကနေ့ ဧပြီ ၁၉ ရက်က ကျင်းပတဲ့ အိမ်သစ်တက်မင်္ဂလာပွဲမှာ သမ္မတ ဦးထင်ကျော်၊ နိုင်ငံတော် အတိုင်ပင်ခံပုဂ္ဂိုလ် ဒေါ်အောင်ဆန်းစုကြည်၊ ပြည်ထောင်စုလွှတ်တော် နာယကဟောင်း သူရဦးရွှေမန်းနှင့် အမျိုးသားဒီမိုကရေစီအဖွဲ့ချုပ် အတွင်းရေးမှူးအဖွဲ့ဝင် ဦးဝင်းထိန် စသူတို့အားတွေ့ရစဉ်။

글 참고: http://burmese.dvb.no/archives/145728

미얀마 사람들은 이사하면 반드시 집들이를 한다. 한국의 집들이와 달리 초대받은 사람들은 맨손으로 간다. 미얀마 사람들은 불교 신자가 많으니 불교를 믿는 집에서 집들이를 어떻게 진행하는지에 대해 소개하겠다.

일반 불교 신자가 집들이할 때는 평상시 존경하는 스님 다섯 분을 집으로 모신 뒤 법문을 듣고 본인이 쌓은 공덕 및 선한 일을 이웃과 함께 나누고 준비한 맛있는 음식을 나누어 먹는다. 이웃이나 가족은 집들이에 빈손으로 올 수 있으며 집주인은 최고의 음식을 준비해 손님들한테 대접한다.

집들이 문화는 일반인들뿐만 아니라 상단의 사진처럼 부통령도 치르는 행사다. 2016년 3월 말 대통령 및 부통령 취임식 이후 곧바로 부통령이 대통령과 신정부 관련 인사들을 초대한 집들이 행사를 하였다. 이처럼 미얀마 사람들은 스님들과 이웃을 초대해 집들이하는 것을 축복으로 여기며, 음식을 대접함으로써 이웃과 더불어 살자는 의미를 표현하고 있다.

CC ① BY ● Thura U Shwe Mann (https://www.facebook.com/HEThuraUShweMann)

အခန်း ၁၅

ILBC မှာ ကျောင်းအပ်ရင် ကျောင်းလခ ဘယ်လောက်လဲ။

ILBC의 등록금은 얼마인가요? (자녀 교육)

မိမိ မစ္စတာလီရဲ့ သားလေး နိုင်ငံတကာကျောင်း(International School) ကျောင်းအပ်မယ်ဆိုတာအပ်ပြီးသွားပြီလား။

လီမင်းဟို စုံစမ်းထားတယ်။ ဒီမှာ ကျွန်တော့်အရင် မြန်မာပြည်ကို ရောက်နေတဲ့ စီနီယာတွေ ရှိတယ်လေ။ သူတို့က ပြောတာတော့ MISY ကို ပို အားပေးတယ်။

မိမိ ဟုတ်လား။ မြန်မာပြည်ထဲမှာ ရှိတဲ့ နိုင်ငံတကာကျောင်းထဲမှာ ILBC၊ Horizon နဲ့ MISY က ဈေးအကြီးဆုံးလေ။ အဆင်ပြေပဲ့မလား။

လီမင်းဟို ဘာပဲပြောပြော စီနီယာရဲ့ ကလေးတွေလည်း အဲဒီမှာ တက်နေတာဆိုတော့ ကျွန်တော့်သားအတွက် ပို ကောင်းမလားလို့ပါ။

မိမိ ဈေးနှုန်းက တော်တော်ကြီးတယ်နော်။ ဒီ ကျောင်း သုံးကျောင်းလုံး တစ်နှစ်ကို ကျောင်းသားတစ်ယောက်စာ ကျောင်းလခက သိန်း ၃၀ လောက် ရှိတယ်။

လီမင်းဟို ကျွန်တော် ကြိုးစားပြီး ငွေ ရှာရမှာပေ့ါဗျာ။

မိမိ အခုခေတ်က ကလေးတစ်ယောက် ကျောင်းထားဖို့ သိပ် မလွယ်ဘူး။

လီမင်းဟို ဟာဟာဟ။ ဟုတ်ပဗျာ။ မမီမီရေ တစ်ယောက်တည်း နေပါ။ အိမ်ထောင်မပြုပါနဲ့။

단어표현

▲ 동사　● 형용사　★ 명사　◆ 부사　♣ 표현

ကျောင်းလခ ★ 등록금	စုံစမ်းသည် ▲ 알아보다
နိုင်ငံတကာကျောင်း ★ 국제학교	ကျောင်းစရိတ် ဈေးကြီးသည် ▲ 등록금이 비싸다
ဘိုကျောင်း ★ 국제학교	ကျောင်းစရိတ် သက်သာသည် ▲ 등록금이 저렴하다
အင်္ဂလိပ်ကျောင်း ★ 국제학교	ငွေရှာသည် ▲ 돈을 벌다
ပုဂ္ဂလိကကျောင်း ★ 사립학교	ကျောင်းလခ တစ်နှစ် သိန်း ၃၀ ကျော်ပါတယ်
အစိုးရကျောင်း ★ 공교육	♣ 등록금이 1년에 300만 원이 넘어요
ဘုန်းကြီးကျောင်း ★ 사찰학교 *	ကလေးတစ်ယောက်ရဲ့ ကျောင်းစရိတ် များတယ်
စီနီယာ ★ 선배	♣ 아이 한 명의 교육비가 꽤 많아요
ဂျူနီယာ ★ 후배	အင်္ဂလိပ်စကားပြော ကောင်းတယ်
ကလေး(သားသမီး) ★ 자녀(자식)	♣ 영어회화 능력이 뛰어나요
	မိခင်ဘာသာစကား အားနည်းတယ်
	♣ 모국어 능력이 약해요
	စကားပြော အရည်အသွေး တိုးတက်လာတယ်
	♣ 회화 능력이 좋아지고 있어요

(* 학교에 못 가는 저소득층 아이들이 다닐 수
있게 절에서 운영하는 학교)

문법과 활용 သဒ္ဒါနှင့် အသုံးများ

① [상황/상태+ဆိုတာ] [상황/상태 + -이라는/-한다는 것]

[상황/상태+ ဆိုတာ]형은 앞에 나온 상황 및 상태의 명사절을 이끌어 사용한다. 여기서 주의해야 되는 점은 [명사+ ဆိုတာ]형인데, 이는 [명사+(이)란]형은 명사 뒤에 붙어 어떤 대상을 화제로 삼을 때에 쓴다.

(1) သူဖုန်းဆက်မယ်ဆိုတာ သိနေတယ်။ 그가 전화하겠다는 것을 알고 있어요.
(2) ကျောင်းအပ်မယ်ဆိုတာ အပ်ပြီးပြီလား။ 등록하겠다는 것, 하셨어요?
(3) မြန်မာ သွားမယ်ဆိုတာ သေချာလား။ 미얀마에 가겠다는 것, 확실해요?
(4) အီးမေးလ် ပို့မယ်ဆိုတာ ပို့ပြီးပြီလား။ 메일을 보내겠다는 것, 보냈어요?

② [명사+နှုန်း =가격/ 값] [명사+လခ= 요금/-료]

[명사+နှုန်း =가격/ 값 /-율]형은 요금율(Rate)의 뜻을 가지고 있으며 အမြန်နှုန်း
(속도율) / သုံးစွဲမှုနှုန်း(이용율) / အတိုးနှုန်း(이자율) / မွေးနှုန်း (출산율) / သေဆုံးမှုနှုန်း
(사망률)로 쓰인다.

[명사+လခ= 요금/-료]형의 **လခ** 는 요금 및 월급 (Charge)의 뜻을 가지고 있으며 **ကျောင်းလခ** (등록금) / **အိမ်လခ** (집세)/ **တက္ကစီခ** (택시비, 요금) / **မီတာခ** (전기요금) / **ရေခွန်** (수도요금) / **ပို့ဆောင်ခ** (교통요금)으로 쓰인다.

(1) ကုန်ဈေးနှုန်း တက်တယ်။ 물가가 올랐어요.
(2) ဈေးနှုန်း ရေးထားတယ်။ 상품 가격을 써놨어요.
(3) အိမ်လခ တစ်လကို ၁၁သိန်း ပေဆောင်ပါ။ 집세가 한 달에 180,000짯(Kyat)이에요.
(4) ကျောင်းလခ မပေးရသေးဘူး။ 등록금(비용)을 아직 내지 못했어요.

연습하기　လေ့ကျင့်ခန်း

A 알맞은 단어를 고르세요.

> ကုန်ဈေးနှုန်း (물가) ㅣ မီတာခ (전기세) ㅣ ကျောင်းလခ (등록금) ㅣ တက္ကစီခ (택시비)

(1) ဆန်ဈေး၊ ဟင်းသီးဟင်းရွက်ဈေးတွေက_____ ဈေးကြီးကြီးလာတယ်။(_____)
쌀값, 야채값이 점점 비싸졌다.

(2) ကျောင်းကို ပေးသွင်းရသော ငွေ။ (_____)
학교나 학원에 등록할 때 내는 돈

(3) လျှပ်စစ် သုံးစွဲသည့် အခ။ (_____)
전기를 사용한 요금

(4) တက္ကစီ စီးသည့်အခါ ပေးရသော ငွေ။ (_____)
택시 탈 때 내는 돈

B 주어진 문장을 미얀마어로 바꿔보세요.

(1) 결혼하겠다는 것 , 사실이에요? (လက်ထပ်ㅣတကယ်လား)

▶ _____

(2) 귀국하겠다는 것, 정말이에요? (အိမ်ပြေㅣပြန်)

▶ _____

(3) 그가 똑똑하다는 것을 알고 있어요. (သူㅣဉာဏ်ကောင်း)

▶ _____

(4) 답장하겠다는 것, 했어요? (ပြန်စာㅣပို့)

▶ _____

미얀마 교육

최근 미얀마에서 시행하고 있는 공교육 제도를 바꾸겠다는 교육부 관계자의 말이 있었다. 기존의 유치원~고등학교 11년 제도를 13년 제도로 변경하겠다고 한다. 미얀마는 동남아시아국가연합(ASEAN) 회원국으로서 앞으로 아시아 대부분의 국가에서 운영하는 공교육 제도를 따르겠다는 것이다.

⬤ 미얀마 공교육 제도

학 년	기 존	변 경
유치원	1	1
초등학교	4	5
중학교	4	4
고등학교	2	3
합계	11	13

※ 2013년 10월 4일 뉴스를 근거로 함. (http://burmese.dvb.no/archives/44304)

기존 공교육 11학년 제도는 국제학교로 진학하기에 어려움이 있어서 변경하기로 했다고 한다.

ⓒⒾ BY ● scott1723

PART ②

미얀마어 중급

비즈니스편

မင်္ဂလာပါ
မြန်မာစကား

အစည်းအဝေးခန်းမှာ စောင့်နေပေးပါ။
회의실에서 기다려주세요 (안내하기)

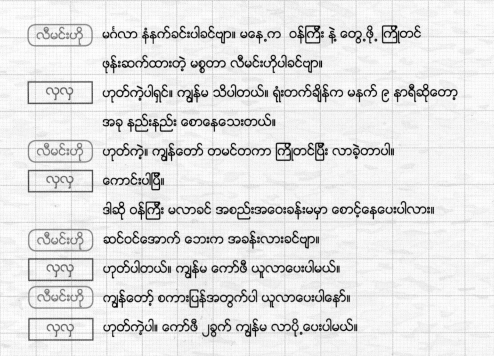

လီမင်းဟို	မင်္ဂလာ နံနက်ခင်းပါခင်ဗျာ။ မနေ့.က ဝန်ကြီး နဲ့ တွေ့ဖို့ ကြိုတင် ဖုန်းဆက်ထားတဲ့ မစ္စတာ လီမင်းဟိုပါခင်ဗျာ။
လုလု	ဟုတ်ကဲ့ပါရှင်။ ကျွန်မ သိပါတယ်။ ရုံးတက်ချိန်က မနက် ၉ နာရီဆိုတော့ အခု နည်းနည်း စောနေသေးတယ်။
လီမင်းဟို	ဟုတ်ကဲ့။ ကျွန်တော် တမင်တကာ ကြိုတင်ပြီး လာခဲ့တာပါ။
လုလု	ကောင်းပါပြီ။ ဒါဆို ဝန်ကြီး မလာခင် အစည်းအဝေးခန်းမှာ စောင့်နေပေးပါလား။
လီမင်းဟို	ဆင်ဝင်အောက် ဘေးက အခန်းလားခင်ဗျာ။
လုလု	ဟုတ်ပါတယ်။ ကျွန်မ ကော်ဖီ ယူလာပေးပါမယ်။
လီမင်းဟို	ကျွန်တော့် စကားပြန်အတွက်ပါ ယူလာပေးပါနော်။
လုလု	ဟုတ်ကဲ့ပါ။ ကော်ဖီ ၂ခွက် ကျွန်မ လာပို့ပေးပါမယ်။

단어표현

▲ 동사　● 형용사　★ 명사　◆ 부사　♣ 표현

နံနက်ခင်း	★ 아침(오전)	တမင်တကာ	◆ 일부러
နေ့လည်ခင်း	★ 오후	အချိန်လေးစားသည်	▲ 시간〈약속〉을 잘 지키다
ညနေ	★ 저녁	အချိန် တိကျသည်	▲ 시간〈약속〉이 정확하다
အစည်းအဝေးခန်းမ	★ 회의실	အမြဲတမ်း နောက်ကျသည်	▲ 늘 늦다
meeting ခန်း (အစည်းအဝေးခန်း)	★ 회의실	စောင့်သည်	▲ 기다리다
ကောင်းပါပြီ	★ 좋아요.(그래요)	ကြိုတင်လာသည်	▲ 미리 오다
ဆင်ဝင်အောက်	★ 현관문	ကြိုတင်ချိန်းသည်	▲ 미리 연락한다
ကော်ဖီ	★ 커피	ယူလာပေးသည်	▲ 가져와 주다
အအေး	★ 음료수	ယူသွားသည်	▲ 가져가다
စကားပြန်	★ 통역	လာပို့ပေးသည်	▲ 배달해주다
ဝန်ကြီး	★ 장관		

문법과 활용　သဒ္ဒါနှင့် အသုံးများ

① [တမင်တကာ] – [일부러]

[တမင်တကာ]의 사전적인 의미는

　① 특별히/각별히

　② 고의적/ 의도적 / 일부러-라는 뜻이다.

본문에서의 [တမင်တကာ]는 ②번의 뜻이다.

[တမင်တကာ]와 같은 의미를 지니고 있는 단어는 [တမင်] 와 [တမင်သက်သက်]가 있다.

(1) တမင်တကာ မိဘကို နှိပ်စက်ချင်တာလား။ 일부러 부모님을 괴롭히고 싶은 마음이야?

(2) ကျွန်တော် တမင်တကာ လာတာပါ။ 전 일부러 왔어요.

(3) တမင်တကာ ကြံစည်တာပါ။ 일부러 계획한 거야.

(4) ဒီနေ့ အတန်းကို တမင်တကာ မတက်တာပါ။ 오늘 수업을 일부러 안 듣는 겁니다.

연습하기 လေ့ကျင့်ခန်း

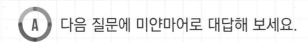

A 다음 질문에 미얀마어로 대답해 보세요.

(1) မစ္စတာလီမင်းဟိုဟာ ဘယ်သူ့ကို လာတွေ့တာလဲ။ (ဝန်ကြီး ၊ တွေ့)
이민호 씨는 누구를 만나러 왔어요? (장관 / 만나다)

▶

(2) မစ္စတာလီ နဲ့ အတူတူ လာတဲ့ သူက ဘယ်သူလဲ။ (စကားပြန်၊ ~ နှင့် အတူတူ)
미스터 리와 함께 온 사람은 누구입니까?

▶

(3) Meeting ကို မစ္စတာလီက အချိန်မီ လာနိုင်ခဲ့လား။ (အချိန်မီ၊ လာနိုင်၊ ဟုတ်ကဲ့)
미스터 리가 제시간에 미팅에 올 수 있었습니까? (제시간 / 올 수 있다 / 네)

▶

(4) ဝန်ကြီးနဲ့ မတွေ့မီ မစ္စတာလီ ဘယ်အခန်းမှာ စောင့်နေခဲ့လဲ။ (အစည်းအဝေးခန်း၊ စောင့်)
장관님을 만나기 전에 미스터 리가 어느 방에서 기다렸나요? (회의실 / 기다리다)

▶

NOTE

အခန်း

J

နိုင်ငံခြားသား ဧည့်သည် ရောက်နေပါတယ်။

외국 손님이 왔습니다 (알리기)

လုလု	ဝန်ကြီးရှင့်။ အပြင်မှာ ကိုရီးယား နိုင်ငံခြားသား ဧည့်သည် စောင့်နေပါတယ်ရှင်။
ဝန်ကြီး	ဟုတ်လား ။ အတော်ကြာနေပြီလား။
	အခုမှ ရုံးတက်ချိန် မနက် ၉နာရီပဲ ရှိသေးတယ်လေ။
လုလု	ဟုတ်တယ်။ သူက နောက်ကျမှာ စိုးလို့ထင်တယ်။
	မနက် နောရီခွဲကတည်းက ရောက်နေတာ။
ဝန်ကြီး	ကောင်းပြီလေ။ ကျွန်တော့် အခန်းထဲ ခေါ်လာပေးပါ။
လုလု	မစ္စတာ။ ဝန်ကြီး အခန်းထဲကို ကြွပါရှင်။
ဝန်ကြီး	မင်္ဂလာပါခင်ဗျာ။ ကျွန်တော် ကူးသန်းရောင်းဝယ်ရေး ဝန်ကြီး ဦးအောင်ပါ။
လီမင်းဟို	ဟုတ်ကဲ့ခင်ဗျာ။ ကျွန်တော် စကားပြန်နဲ့ အတူ လာပါတယ်။
ဝန်ကြီး	ကောင်းပြီလေ။ မလုလုရေ။ ကိုရီးယားစကားပြန်ကို အခန်းထဲ ခေါ် လာခဲ့ပေးပါ။

နိုင်ငံခြားသား ဧည့်သည်	★ 외국 손님	နောက်ကျသည်	▲ 늦다
အခန်း	★ 방	ရောက်ရှိသည်	▲ 도착하다
ရုံးတက်ချိန်	★ 근무시간	အတော်ကြာသည်	▲ 시간이 오래 걸리다
ရုံးဆင်းချိန်	★ 퇴근 시간	ခေါ်သည်	▲ 부르다
အတွင်းရေးမှူး	★ 비서	ခေါ်လာသည်	▲ 데리고 오다
စောစော	★ 일찍	လာသည်	▲ 오다
နောက်ကျစွာ	◆ 늦게	ကြသည်	▲ 오다(공손한 표현)
ပွင့်ပွင့်လင်းလင်း	◆ 솔직하게	မှာစရာ ရှိတာများကို အတွင်းရေးမှူးနှင့် ပြောပါ။	
~ကတည်းက	◆ -때부터	♣ 남기고 싶은 얘기가 있으면 비사에게 얘기해 두세요	

စီးပွားရေးနှင့် ကူးသန်းရောင်းဝယ်ရေး ဝန်ကြီးဌာန ★ Ministry of Commerce – 상무부

문법과 활용　သဒ္ဒါနှင့် အသုံးများ

① **[동사+ ခဲ့] [동사+ 지시]**

[동사+ ခဲ့]형은 세 가지의 뜻을 가지고 있다.
(1) 과거의 일어난 일을 묘사할 때 (2) 미래의 상황을 묘사할 때와 (3) 지시할 때 주로 사용한다. 여기에서 [동사+ ခဲ့]형은 3번의 뜻으로 상황을 지시할 때 사용한다.

※ 세 가지의 뜻을 가지고 있는 [동사+ ခဲ့]형은
　　[동사+ ခဲ့]형 뒤에 따라오는 종결어미(終結語尾)를 보고 구분할 수 있다.

　　A. 과거에 일어난 일을 묘사할 때 [동사 + ခဲ့ + တယ် / ပြီ] ရန်ကုန်ကို သွားခဲ့ပြီ။
　　B. 미래의 상황을 묘사할 때 [동사 + ခဲ့ + မယ်] မနက်ဖြန် လာခဲ့မယ်။
　　C. 상황을 지시할 때 [동사 + ခဲ့ +လော့ / ကြ / ပါ] ဒီလို လာခဲ့ပါ။

(1) စကားပြန်ကို အစည်းအဝေးခန်းထဲ　ခေါ်လာခဲ့ပါ။ 통역원을 회의실로 데리고 오세요.
(2) ကုမ္ပဏီကို လာခဲ့ပါ။ 회사로 오세요.
(3) အခန်းထဲကို ကြပါ။ 방 안으로 오시지요. [ကြ 는 '오다'의 '높임말']
(4) ကျွန်တော်နဲ့ လိုက်ခဲ့ပါ။ (저를) 따라 오세요..

연습하기 လေ့ကျင့်ခန်း

A 다음 질문에 미얀마어로 대답해 보세요.

(1) မစ္စတာလီမင်းဟို ဘာကြောင့် စောစော လာတာလဲ။ (နောက်ကျ / စိုးလို့)

이민호 씨가 왜 일찍 왔어요? (늦다/동사+~을 까 봐 걱정되다)

▶

(2) ဝန်ကြီး နာမည်က ဘာလဲ ။ (နာမည်/ ဦးအောင်)

장관님 성함이 무엇입니까? [이름(성함) / 우아웅(이름)]

▶

(3) အတွင်းရေးမှူး လှလှက ဝန်ကြီးအခန်းထဲကို ဘယ်သူ့ကို ခေါ်လာတာလဲ။ (စကားပြန်/ ခေါ်)

비서 흘라흘라 씨가 장관님 방으로 누구를 데리고 왔나요? [통역원 / 부르다(데리다)]

▶

(4) မစ္စတာလီက နိုင်ငံခြား ဧည့်သည်လား။ ပြည်တွင်း ဧည့်သည်လား။(နိုင်ငံခြား ဧည့်သည်)

미스터 리가 외국 손님인가요? 국내 손님인가요? (외국 손님)

▶

NOTE

အီးမေးလ် ပို့ထားပါတယ်။

이메일을 보냈어요 (연락하기)

လီမင်းဟို	မင်္ဂလာပါခင်ဗျာ။ ကျွန်တော့် နာမည် မစ္စတာ လီမင်းဟိုပါ။ ကိုရီးယား လူမျိုးပါ။
ဦးအောင်ရွှေ	ဟုတ်ကဲ့။ တွေ့ရတာ ဝမ်းသာပါတယ်ခင်ဗျာ။ ဘာကိစ္စနဲ့ လာတာပါလဲ။
လီမင်းဟို	ကျွန်တော် ဒီကို မလာခင် မစ္စတာ အောင်ရဲ့ အတွင်းရေးမှူးဆီကို အီးမေးလ်နဲ့ ဆက်သွယ်ထားပါတယ်။
ဦးအောင်ရွှေ	ဩော် ဟုတ်လား။ ကျွန်တော် နိုင်ငံခြား ခရီး ဆက်တိုက် သွားနေတာနဲ့ အီးမေးလ်တောင် မစစ်ဖြစ်တာ အတော်ကြာပြီ။
လီမင်းဟို	ကျွန်တော်လည်း ပြန်စာ မလာတာနဲ့ ကုမ္ပဏီကို တိုက်ရိုက် လာတွေ့တာပါ။
ဦးအောင်ရွှေ	အားနာလိုက်တာဗျာ။ နောက်တစ်ခါဆို အီးမေးလ် ရောက်တာနဲ့ ချက်ခြင်း စာပြန်နိုင်အောင် လုပ်ပါ့မယ်။
လီမင်းဟို	ဟုတ်ကဲ့ခင်ဗျ။
ဦးအောင်ရွှေ	ဒါဆို ကျွန်တော်တို့ မီတင်းလေး စလိုက်ကြရအောင်လားဗျာ။

단어표현

▲ 동사 ● 형용사 ★ 명사 ◆ 부사 ♣ 표현

အီးမေးလ် ★ 메일	အီးမေးလ်ပို့သည် ▲ 메일을 보내다
ပြန်စာ ★ 답장	အီးမေးလ်စစ်သည် ▲ 메일을 확인하다
အီးမေးလ်လိပ်စာ ★ 메일(연락처)	ဖက်စ်ပို့သည် ▲ 팩스를 보내다
ဖက်စ် ★ 팩스	ပြန်စာရသည် ▲ 답장을 받다
ဖုန်းလိပ်စာ ★ 전화(연락처)	အဆက်သွယ် ရသည် ▲ 연락이 되다
ကိုရီးယားလူမျိုး ★ 한국인	ဖုန်းလိပ်စာ မှားသည် ▲ 전화번호가 잘못되다
ဂျပန်လူမျိုး ★ 일본인	ဆိုင်းထိုးသည် ▲ 싸인을 하다〈Sign〉
ကိစ္စ(အလုပ်) ★ 일	ကိစ္စအထွေအထူး မရှိပါဘူး ♣ 별일이 없습니다
နိုင်ငံခြားခရီး ★ 외국 출장	ကျွန်တော့် လိပ်စာကတ်ပါ ♣ 제 연락처입니다
မိတ္တူကူးစက် ★ 복사기	နှစ်ဦးသဘောတူ စာချုပ်ချုပ်ဆိုသည်
ဆက်တိုက် ★ 끊임없이	▲ 〈MOU〉양해 각서를 체결하다
အဆက်မပြတ် ★ 연달아, 지속적으로	အချိန်မရွေး ဆက်သွယ်နိုင်ပါတယ်
အမြဲလိုလို〈အမြဲ〉 ★ 늘, 항상	♣ 언제든지 연락할 수 있습니다
ချက်ခြင်း ★ 즉시	

문법과 활용 သဒ္ဒါနှင့် အသုံးများ

① [မ + 동사 + **ဖြစ်တာ** + **အတော်ကြာပြီ**] – [동사 + 못한지가 오래 되었다]

[မ + 동사 + **ဖြစ်တာ** + **အတော်ကြာပြီ**]형은, 동사가 시간적인 여유가 없어서 행위를 하지 못했다고 얘기할 때 주로 사용한다.

(1) **အားကစား မလုပ်ဖြစ်တာ အတော်ကြာပြီ။** 운동 못한지가 오래 되었어요.

(2) **ခရီး မသွားဖြစ်တာ အတော်ကြာပြီ။** 여행을 못간지가 오래 되었어요.

(3) **အင်တာနက် မသုံးဖြစ်တာ အတော်ကြာပြီ။** 인터넷을 사용하지 못한지가 오래 되었어요.

(4) **အိမ်နဲ့ မဆက်သွယ်ဖြစ်တာ အတော်ကြာပြီ။** 집하고 연락 못한지가 오래 되었어요.

연습하기 လေ့ကျင့်ခန်း

A 다음 질문에 미얀마어로 대답해 보세요.

(1) မစ္စတာ လီမင်းဟိုက ဘယ်သူ့ဆီ အီးမေးလ် ပို့ဖူးလဲ။ (အတွင်းရေးမှူး / အီးမေးလ်)

이민호 씨가 누구에게 메일을 보낸 적이 있어요? (비서 / 메일)

▶

(2) မစ္စတာလီက လူကိုယ်တိုင် မလာခင် ဘာနဲ့ ဆက်သွယ်ခဲ့လဲ။ (အီးမေးလ် / ဆက်သွယ်)

미스터 리가 직접 오기 전에 무엇으로 연락했어요? (메일 / 연락)

▶

(3) ဝန်ကြီးက နိုင်ငံခြား ခရီးစဉ် တွေ များလား။ (ဟုတ်ကဲ့ / များ)

장관님이 해외 일정이 많아요? (네 / 많아요.)

▶

(4) ဝန်ကြီးက နောက်နောင် အီးမေးလ် ပြန်စာ ပို့မယ်လို့ ကတိ မပေးဘူး။ (ကတိ /ဟင့်အင်း)

장관님이 다음에 메일 답장을 하겠다고 약속하지 않습니다. (약속 / 아니요)

▶

NOTE

PHOTO

အခန်း

၉

ဝန်ထမ်း ရှာဖွေနေပါတယ်။

직원을 구합니다 (구인)

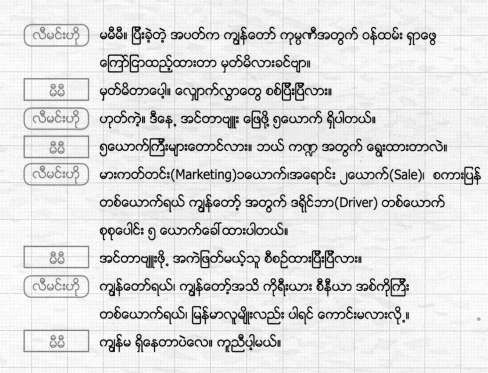

လီမင်းဟို	မမီမီ။ ပြီးခဲ့တဲ့ အပတ်က ကျွန်တော် ကုမ္ပဏီအတွက် ဝန်ထမ်း ရှာဖွေ ကြော်ငြာထည့်ထားတာ မှတ်မိလားခင်ဗျာ။
မီမီ	မှတ်မိတာပေါ့။ လျှောက်လွှာတွေ စစ်ပြီးပြီလား။
လီမင်းဟို	ဟုတ်ကဲ့။ ဒီနေ့ အင်တာဗျူး ဖြေဖို့ ၅ယောက် ရှိပါတယ်။
မီမီ	၅ယောက်ကြီးများတောင်လား။ ဘယ် ကဏ္ဍ အတွက် ရွေးထားတာလဲ။
လီမင်းဟို	မားကတ်တင်း(Marketing)၁ယောက်၊အရောင်း ၂ယောက်(Sale)၊ စကားပြန် တစ်ယောက်ရယ် ကျွန်တော့ အတွက် ဒရိုင်ဘာ(Driver) တစ်ယောက် စုစုပေါင်း ၅ ယောက်ခေါ် ထားပါတယ်။
မီမီ	အင်တာဗျူးဖို့ အကဲဖြတ်မယ့်သူ စီစဉ်ထားပြီးပြီလား။
လီမင်းဟို	ကျွန်တော်ရယ်၊ ကျွန်တော်အသိ ကိုရီးယား စီနီယာ အစ်ကိုကြီး တစ်ယောက်ရယ်၊ မြန်မာလူမျိုးလည်း ပါရင် ကောင်းမလားလို့။
မီမီ	ကျွန်မ ရှိနေတာပဲလေ။ ကူညီပဲ့မယ်။

▲ 동사 ● 형용사 ★ 명사 ◆ 부사 ♣ 표현

ဝန်ထမ်း ★ 직원	ဝန်ထမ်း ရွေးချယ်သည် ▲ 직원 모집, 채용하다
အလုပ်သမား ★ 노동자, 근로자	ဝန်ထမ်း လျှော့ချသည် ▲ 직원을 축소하다
လုပ်သား ★ 근로자	ဝန်ထမ်း တိုးမြှင့်သည် ▲ 직원을 확대하다
ကျွမ်းကျင်လုပ်သား ★ 〈전문〉근로자	ရာထူး တိုးသည် ▲ 승진하다
ကာယအလုပ်သမား ★ 신체 노동자 〈주로 공장이나 고된 일을 하는 노동자〉	ရာထူး ပြုတ်သည် ▲ 해직하다
ဉာဏအလုပ်သမား ★ 정신 노동자 〈주로 사무직 근로자를 뜻함〉	ကြော်ငြာထည့်သည် ▲ 공고하다
နေ့စား အလုပ်သမား ★ 일용 노동자 (casual labour)	ဝန်ထမ်းရေးရာဌာန ★ 인사부
	စဉ်းစားသည် ▲ 생각하다
လခစား ★ 월급쟁이	အမြန်အလိုရှိသည် ♣ 급구〈공고 및 광고〉
အလုပ်ကြမ်း ★ 중노동	အတွေ့အကြုံ ရှိသူကို ဦးစားပေးမည် ♣ 경험자 우대〈공고 및 광고〉
ရုံးဝန်ထမ်း ★ 사무직원	လစာကောင်းမည် ♣ 봉급 좋음〈공고 및 광고〉
အစိုးရဝန်ထမ်း ★ 공무원	စရိတ်ငြိမ်း ♣ 식비/숙박비 제공〈공고 및 광고〉
ဒရိုင်ဘာ ★ 운전기사	လူကိုယ်တိုင် လာရောက် လျှောက်ထားနိုင်သည် ♣ 지원자가 직접 신청할 수 있다〈공고 및 광고〉
အကဲဖြတ်အရာရှိ ★ 심사위원	

문법과 활용 သဒ္ဒါနှင့် အသုံးများ

① [동사+ဖို့] – [(동사 뒤에 쓰여) …하러[…하려고]]

[동사+ဖို့]형은 '동사' 뒤에 쓰여 그 동사를 확실히, 틀림없이 계획하여 실행하려고 한다는 의미를 지니고 있다.

(1) ပါရဂူဘွဲ့အတွက် သီးဆစ် ရေးဖို့ လုပ်နေတယ်။ 박사학위 논문을 쓰려고 준비하고 있다.

(2) ဘွဲ့ရရင် ခရီး သွားဖို့ ပိုက်ဆံ စုနေတယ်။ 졸업하면 여행 가려고 저축하고 있어요.

(3) ဒါန ကုသိုလ် လုပ်ဖို့ အန်ဂျီအို အဖွဲ့ကို စုံစမ်းနေတယ်။ 기부하려고 NGO 단체를 알아보고 있어요.

(4) ကိုရီးယား သွားဖို့ ဗီဇာ လျှောက်နေတယ်။ 한국에 가려고 비자를 신청하고 있어요.

연습하기 လေ့ကျင့်ခန်း

A 다음 질문에 미얀마어로 대답해 보세요.

(1) မစ္စတာလီမင်းဟိုက ဝန်ထမ်း ဘယ်နှစ်ယောက် ရွေးမှာလဲ။ (ဝန်ထမ်း ၊ ငါးယောက်)

이민호 씨가 직원 몇 명을 뽑을 건가요? (직원 / 다섯 명)

▶ _____

(2) မစ္စတာလီက ဝန်ထမ်း ရှာဖွေရေး ကြော်ငြာ ထည့်ပြီးပြီလား။ (ကြော်ငြာ၊ ထည့်)

미스터 리가 '직원 구함' 공고를 냈습니까? (공고 / 내다)

▶ _____

(3) ဝန်ထမ်းရွေးချယ် အကဲဖြတ်အရာရှိ ဘယ်နှစ်ယောက် လုပ်မှာလဲ။
(အကဲဖြတ်အရာရှိ ၊ သုံးယောက်)

직원 면접 심사위원은 몇 명으로 할 건가요? (심사위원 / 세 명)

▶ _____

(4) အကဲဖြတ်အရာရှိ သုံးယောက်က ဘယ်သူတွေလဲ။ (မစ္စတာလီ၊ မီမီ၊ ကိုရီးယား စီနီယာ)

심사위원 세 명은 누구누구인가요?

▶ _____

NOTE

"직원 구함"

Accountant (အမြန်အလိုရှိသည်) ကျား/ မ (၈) ဦး

BE(civil) (အတွေ့အကြုံ ၃နှစ်အထက်)(လစာ၄သိန်း+) ကျား/မ(၃)ဦး

HR manager ကျား/မ (၅) ဦး အရောင်း စာရေးမ (၁၅) ဦး အထွေထွေ ကျား (၁၅) ဦး

Sale and Marketing ကျား /မ (၅၀) ဦး

Waiter (အမြန်အလိုရှိသည်) (စရိတ်ပြီးမ်) ကျား/မ (၂၀) ဦး အမျိုးသမီး

Storekeeper (အလုပ်သင်) မ (၄) ဦး

Marketing (ဘွဲ့ရ) (၁သိန်း+အခြားခံစားခွင့်) ကျား/မ(၂၀)ဦး

Business staff (စီးပွားရေး ဘွဲ့ရ) ကျား/မ (၁၀)ဦး

"연락처" ★ ★ ★ ဖုန်း-01-50000 ★ ★ ★ 09-00000000

"양곤에서 직접 신청한 자" ရန်ကုန်မှ အလုပ်လျှောက်ထားလိုသူများ

ဖွဲ့မာန် ရုံးခန်း(အခန်းအမှတ် ၁၊ တိုက်အမှတ် ၁၊ လှိုင်ရတနာအိမ်ယာ၊ လှိုင်မြို့နယ်

၊ ရန်ကုန်မြို့)သို့

လူကိုယ်တိုင် လာရောက် လျှောက်ထားနိုင်ပါသည် ॥

"오시는 길" ခရီးစဉ် အညွှန်း

ရန်ကုန် အင်းစိန် လမ်းမကြီး သုခမှတ်တိုင်နှင့် သံလမ်းမှတ်တိုင်ကြား

လှိုင်ရတနာ အိမ်ယာ တိုက်အမှတ် (၁) ကိုလာခဲ့ပါ॥

"지방에서 직접 신청한 자" နယ်မှ အလုပ်လျှောက်ထားလိုသူများ

kwl161828@gmail.com သို့ မေးလ်ပို့ပြီး လျှောက်ထားနိုင်ပါသည်॥

"신청 시 필요한 서류 " အလုပ်လျှောက်ထားရာတွင်

(မှတ်ပုံတင်မိတ္တူ॥၊ လိုင်စင်ဓာတ်ပုံ ၊ ရပ်ကွက်/ရဲစခန်းထောက်ခံချက်၊ ပညာအရည်

အချင်း အထောက်အထား များ၊ အိမ်ထောင်စုစာရင်း မိတ္တူ॥) လိုအပ်ပါသည်॥

104

ကိုရီးယားကနေ အီးမေးလ်နဲ့ ဆက်သွယ်ခဲ့ပါတယ်။

한국에서 메일로 연락 드렸습니다 (비즈니스 이메일)

သို့။ ။ ရွှေကုမ္ပဏီ မန်နေဂျင်းဒါရိုက်တာ

Asianhub Co Ltd
16, Sillim-ro 23-gil, Gwanak-gu, Seoul, Korea
Ph: +82 70 8676 3028/Fax: 070 4325 8392
Date: 08.04.2016

အကြောင်းအရာ။ ။ Asianhub လုပ်ငန်းကျွမ်းကျင်အတတ်ပညာများဆိုင် ရာကျောင်း တည်ထောင်ဖို့ရန် အကျိုးတူ စီးပွားဖက် လုပ်ဆောင်ရန် ။

ကျွန်တော်တို့ Asianhub ကုမ္ပဏီသည် ကိုရီးယားနိုင်ငံတွင် အသေးစားနှင့် အလတ်စားကုမ္ပဏီ များသို့ ဝင်ရောက်လုပ်ကိုင်လိုသူများအတွက် သက်မွေးပညာများကို သင်ကြားပေးနေတဲ့ ကျောင်းဖြစ်ပါတယ်။ ကျွန်တော်တို့ ကုမ္ပဏီက အဓိကထားပြီး သင်ကြားပေးနေတဲ့ အပိုင်းကတော့ "ဂဟေဆက်သင်တန်း၊ လျှပ်စစ်တပ်ဆင်မှု သင်တန်း၊ တွင်ခုံဖောက်ခုံ သင်တန်း၊ အသုံးချ အီလက်ထရောနစ် သင်တန်း"စတဲ့ သင်တန်းများ ဖြစ်ပါတယ်။ ကျွန်တော်တို့ ကုမ္ပဏီရဲ့ အဓိက သင်တန်း ဆရာများဟာဆိုရင် ကိုရီးယားနိုင်ငံမှ အသိအမှတ်ပြု လုပ်ငန်းပိုင်းဆိုင်ရာ ကျွမ်းကျင်ဆရာ၊ဆရာမများနဲ့ ဖွဲ့စည်းထားပါတယ်။ သင်တန်း ပို့ချချိန်နှင့် တကွ သင်တန်းပြဌာန်းချက်များ၊ သင်တန်းပိုင်းဆိုင်ရာ ကျွမ်းကျင် စကားပြန်နှင့် တကွ လာရောက်တွေ့ဆုံလိုပါတယ်။ ကျွန်တော်တို့ရဲ့ ကုမ္ပဏီ နဲ့ ရွှေကုမ္ပဏီတို့ အကျိုးတူ စီးပွားဖက် လုပ်ဆောင်လိုပါကြောင်းနဲ့ လာမည့် မတ်လ ၅ရက်နေ့ (5.5.2016)မှာ ကျွန်တော်တို့ မြန်မာပြည် လာတဲ့ အခါ မန်နေဂျင်းဒါရိုက်တာကြီးနဲ့ တွေ့ဆုံချင်ပါကြောင်း ပြောရင်း ဒီမှာပဲ ကျွန်တော့်ရဲ့ အီးမေးလ်ကို အဆုံးသတ်လိုက်ပါတယ်ခင်ဗျာ။

Asianhub Co Ltd မန်နေဂျင်းဒါရိုက်တာ မစ္စတာလီမင်းဟို
8.4.2016(April)

▲ 동사　● 형용사　★ 명사　◆ 부사　♣ 표현

အကြောင်းအရာ ★ 내용	တည်ထောင်သည် ▲ 세우다(학교/회사)
သို့./ ★ To/〈에게:편지쓸 때〉	သင်ကြားသည် ▲ 가르치다
မှ/ ★ from/ 〈~드림/올림:편지쓸 때〉	အဓိကထားသည် ▲ 중심에 두다
အကျိုးတူ စီးပွားဖက် ★ 상생 관계〈파트너〉	ဖွဲ့.စည်းသည် ▲ 조직하다
ကုမ္ပဏီ ★ 회사	တွေ့.ဆုံသည် ▲ 만나다
သက်မွေးပညာ 〈生業〉생업	စီးပွားဖက် လုပ်ဆောင်သည် ▲ 상생 관계를 맺다
ကျွမ်းကျင်သင်တန်းကျောင်း ★ 직업훈련센터〈학교〉	ကျွမ်းကျင်သည် ▲ 능숙하다/숙달하다
ပုဂ္ဂလိကကျောင်း ★ 민간학교	အလုပ်လုပ်သည် ▲ 일하다
ဂဟေဆက် ★ 용접	သက်မွေးပညာ သင်တန်းကျောင်းတွေ ရန်ကုန်မှာ များလာပြီ ♣ 직업훈련 학교들이 양곤에서 많이 생겼어요.
လျှပ်စစ်တပ်ဆင်မှု ★ 전기기사	စကားပြန်နဲ့ အတူ လာတွေ့.ချင်ပါတယ် ♣ 통역사와 함께 찾아뵙고 싶습니다.
သင်တန်းပို့.ချချိန် ★ 학원 시간표	
ပြဋ္ဌာန်းစာအုပ် ★ 교재	မန်နေဂျင်းဒါရိုက်တာနဲ့ ပြောချင်ပါတယ် ♣ 전무이사(MD)와 통화하고 싶습니다.

문법과 활용 　သဒ္ဒါနှင့် အသုံးများ

① [동사+ရန်] – [동사+기 = 동사적 명사(동명사)]

[동사+ရန်]형의 ရန်는 사전적 의미를 보면 다음과 같다.

① ရန် –(동사) –예비로 마련해 둔다. 예) ရန်ထားသည့် စာရင်း – 예비로 마련해 둔 가계부
② ရန်– (동사적 명사 및 동명사) 일반적인 "동사" 뒤에 붙어 그 동사가 "동사적 명사 및 동명사"로 쓰인다. 예) သတိထားရန် – 조심하기
③ ရန် – (접속사) –(목적)위하여/ 동사+하기 위해/하려고 한다.
　예) ဆရာဝန် ဖြစ်ရန် ကြိုးစားရမည်။ – 의사가 되기 위해 반드시 노력해야 한다.
　여기에서 [동사+ရန်]형은 ②번의 뜻이다.

(1) ကြိုတင် စီစဉ်ရန်။ 미리 계획하기.
(2) စီးပွားရေး လုပ်ဆောင်ရန်။ 사업하기.
(3) မနက်၊ နေ့လည်၊ ညတွင် တစ်နေ့. ၁လုံး သောက်ရန်။ 오전, 오후, 밤에 한 알씩 먹기.
(4) အထူး သတိပြုရန်။ 특별히 조심하기.

연습하기 လေ့ကျင့်ခန်း

A 다음 질문에 미얀마어로 대답해 보세요.

(1) Asianhub ကုမ္ပဏီက ဘယ် ကုမ္ပဏီကို ဆက်သွယ်တာလဲ။ (ရွှေကုမ္ပဏီ ၊ ဆက်သွယ်)
아시안허브 회사가 어느 회사하고 연락을 취했나요? (쉐 회사 / 연락)

▶

(2) Asianhub ကုမ္ပဏီက မြန်မာပြည်မှာ ဘာ ကျောင်း ဖွင့်ချင်တာလဲ။
(အသက်မွေးဝမ်းကျောင်း၊ ဖွင့်)
아시안허브 회사가 미얀마에서 어느 학교(전문학교)를 설립하고 싶은 건가요? (직업훈련 / 설립)

▶

(3) အသက်မွေးဝမ်းကျောင်းပညာသင်တန်း ဖွင့်ရင် ဘယ်လို ကဏ္ဍတွေ သင်ယူနိုင်မှာလဲ။
(ဂဟေဆက်၊ လျှပ်စစ် စသည်)
직업훈련학원이 설립되면 어떤 것을 배울 수 있나요? (용접 / 전기 등)

▶

(4) Asianhub ကုမ္ပဏီက မြန်မာပြည် လာတဲ့အခါ ရွှေကုမ္ပဏီရဲ့ ဘယ်သူနဲ့ တွေ့ချင်တာလဲ။ (မန်နေဂျင်းဒါရိုက်တာ)
아시안허브 회사가 미얀마 방문 시 쉐 회사의 누구와 면담을 하고 싶은 건가요? (MD)

▶

NOTE

ကျွန်တော်တို့ရဲ့ ကုမ္ပဏီကို မိတ်ဆက်ပေးချင်ပါတယ်။

우리 회사를 소개하고 싶습니다 (비즈니스 프레젠테이션)

လီမင်းဟို	မင်္ဂလာပါခင်ဗျာ။ အခုအချိန်က စပြီး ကျွန်တော်တို့ ကုမ္ပဏီ အကြောင်း Presentation စတင်ပါတော့မယ်။
ဦးအောင်ရွှေ	ဟုတ်ကဲ့ပါခင်ဗျာ။
လီမင်းဟို	ပထမဦးဆုံးအနေနဲ့ ဒီနေ့ ပြောသွားမယ့် အကြောင်းအရာကတော့ အပိုင်း၃ပိုင်း ဖြစ်ပါတယ်။ (၁) ကုမ္ပဏီ အကြောင်း (၂) ပစ္စည်းအကြောင်း (၃) နိုင်ငံတကာ ကုန်သွယ်ဆက်ဆံမှုပါ။
လီမင်းဟို	နံပါတ် (၁) ကျွန်တော်တို့ ကုမ္ပဏီဟာ ဖွံ့ဖြိုးတိုးတက်စပြုနေတဲ့ နိုင်ငံများသို့ လယ်ယာ စိုက်ပျိုးရေး ပစ္စည်းများကို တင်ပို့နေတဲ့ ကုန်သွယ်မှု ကုမ္ပဏီ ဖြစ်ပါတယ်။
လီမင်းဟို	နံပါတ်(၂) ကျွန်တော်တို့ တင်ပို့ ရောင်းချပေးနေတဲ့ ပစ္စည်းများကတော့ လယ်ယာသုံး မြေဆွစက်နဲ့ တခြား လုပ်ငန်းခွင်သုံး အမျိုးအစားများ ဖြစ်ပါတယ်။
လီမင်းဟို	နံပါတ် (၃) နိုင်ငံတကာ ကုန်သွယ်ဆက်ဆံမှုကို ကြည့်မယ်ဆိုပါက အာရှနိုင်ငံများထဲမှာ ဆိုရင်တော့ ဗီယမ်နမ် နိုင်ငံကို အဓိက တင်ပို့ နေပါတယ်။
ဦးအောင်ရွှေ	ဟုတ်ပြီဗျာ။ ကုမ္ပဏီ ၊ ပစ္စည်းအမျိုးအစား ကတ်တလောက် ကျွန်တော့် အီးမေးလ်ထဲ ပို့ပေးလို့ ရမလားခင်ဗျာ။
လီမင်းဟို	ရတာပေ့ါခင်ဗျာ။ ကျွန်တော် ရုံးရောက်တာနဲ့ ပို့လိုက်ပါမယ်။

단어표현

▲ 동사　● 형용사　★ 명사　◆ 부사　♣ 표현

ကုမ္ပဏီမိတ်ဆက် ★ 회사소개	ရှင်းပြသည် ▲ 설명하다
ပရယ်ဆမ်တေးရှင်း ★ 발표	အစီအစဉ် တင်ဆက်သည် ▲ 발표하다
အကြောင်းအရာ ★ 내용	ကုန်သွယ်သည် ▲ 무역하다
အပိုင်း ★ 파트	တင်ပို့သည် ▲ 수출하다
ဖွံ့ဖြိုးတိုးတက်စ နိုင်ငံ ★ 개발도상국	တင်သွင်းသည် ▲ 수입하다
လယ်ယာ စိုက်ပျိုးရေး ★ 농업	လူအများရှေ့မှာ ပြောရင် စိတ်လှုပ်ရှားတယ်။
လုပ်ငန်းခွင် ★ 사업장(현장)	♣ 청중들 앞에 나가서 얘기하면 긴장돼요
နိုင်ငံတကာ ကုန်သွယ်ဆက်ဆံမှု ★ 국제무역	ပရယ်ဆမ်တေးရှင်း လုပ်တဲ့အခါ ပီပီသသ ပြောရမယ်
	♣ 발표할 때 정확하게 해야 돼요
အာရှနိုင်ငံများ ★ 아시아 국가	လိုရင်းတိုရှင်း ပြောတတ်ရမယ်
	♣ 간결하게 할 줄 알아야 합니다
	ပစ္စည်းအမျိုးအစား များပါတယ် ♣ 물품 종류가 많아요

문법과 활용　သဒ္ဒါနှင့် အသုံးများ

① [동사+ တာနဲ့ တပြိုင်နက်] – [동사 + ~은/는 동시에]

[동사+ **တာနဲ့ တပြိုင်နက်**]형은 앞에서 나온 동사를 취하는 동시에 어떤 일을 하겠다는 것을 의미한다.

(1) သူတို့ နှစ်ယောက်က တွေ့တာနဲ့ (တပြိုင်နက်) ရန်ဖြစ်တယ်။ 그 두 사람은 만나는 동시에 싸운다.

(2) အိမ်ကို ရောက်တာနဲ့ (တပြိုင်နက်) ရေချိုးတယ်။ 집에 도착하는 동시에 목욕한다.

(3) အတန်း စတာနဲ့ (တပြိုင်နက်) အိပ်ငိုက်တယ်။ 수업을 시작하는 동시에 졸린다.

(4) ဆူလိုက်တာနဲ့ (တပြိုင်နက်)ငိုတယ်။ 야단치는 동시에 울어버린다.

연습하기 လေ့ကျင့်ခန်း

A 다음 질문에 미얀마어로 대답해 보세요.

(1) မစ္စတာလီမင်းဟိုက ဘာ အကြောင်း မိတ်ဆက် နေတာလဲ။ (ကုမ္ပဏီ ၊ အကြောင်း)

이민호 씨가 어느 부분을 소개하고 있습니까? (회사 / ~에 대해서)

▶

(2) Presentation မှာ အကြောင်းအရာ ဘယ်နှစ်မျိုး ပြောသွားလဲ။ (သုံးမျိုး၊ အကြောင်းအရာ)

발표에서 몇 가지 종류를 소개했나요? (세 가지 / 내용)

▶

(3) မစ္စတာလီရဲ့ ကုမ္ပဏီက ဘာ ကုမ္ပဏီလဲ။ (နိုင်ငံခြား ကုန်သွယ်၊ ကုမ္ပဏီ)

미스터 리 회사가 어떤 회사인가요? (해외 무역 / 회사)

▶

(4) ကုန်သွယ်တဲ့ နိုင်ငံတွေထဲမှာ ဘယ် နိုင်ငံကို တင်ပို့တာ အများဆုံးလဲ။ (ဗီယမ်နမ် နိုင်ငံ၊ တင်ပို့)

무역하는 나라 중에 어느 나라하고 활발히 무역하고 있나요? (베트남 나라 / 수출하다)

▶

NOTE

အခန်း

၇

မြန်မာနိုင်ငံ အတွင်းမှာ ရှိတဲ့ ကုမ္ပဏီ အဖွဲ့ဝင်တွေနဲ့ ရာထူးအခေါ်အဝေါ်တွေကို လေ့လာကြည့်ရအောင်။

미얀마 내 회사 조직도 및 직위를 알아봅시다
(직장 호칭)

အမှုဆောင်ချုပ်(ဥက္ကဋ္ဌ/ အဓိပတိ)
Founder & Chairman

ဒု ဥက္ကဋ္ဌ
Co-Founder
Vice-Chairman

ဒု ဥက္ကဋ္ဌ
Vice-Chairman

ဦးဆောင်ညွှန်ကြားရေးမှူး/
အမှုဆောင် အဲရိုက်တာ
Managing Director

ဥက္ကဋ္ဌ
Executive Director

အဲရိုက်တာ
Non-Executive Director

CEO
Chief Operationg Officer

CFO & Advisor to Chairman

ဝန်ထမ်းများ
Employees

ဝန်ထမ်း
Road Accidents while on duty

လီမင်းဟို	ဦးအောင်ရွှေခင်ဗျား။ ကုမ္ပဏီအဖွဲ့ဝင်တွေရဲ့ ရာထူးအခေါ်အဝေါ်တွေ ကျွန်တော် သိပ်ပြီး ရင်းနှီး ကျွမ်းဝင်မှု မရှိဘူး။
ဦးအောင်ရွှေ	ကောင်းပြီလေ။ ကျွန်တော် သိထားသလို ပြောပြပါ့မယ်။
ဦးအောင်ရွှေ	ဒီပုံကို ကြည့်ပါ။ ဒီ ပုံဟာ ကျွန်တော်တို့ မြန်မာနိုင်ငံ နာမည်ကြီး ဘဏ်တစ်ခုရဲ့ ဒါရိုက်တာ အဖွဲ့ဝင် နဲ့ ဝန်ထမ်းတွေပါဝင်တဲ့ အဖွဲ့အစည်း ဖွဲ့စည်းတည်ဆောက်ပုံပါ။
လီမင်းဟို	တရျို့ ရာထူးအခေါ်အဝေါ်တွေက ခပ်ဆင်ဆင်တွေနော်။
ဦးအောင်ရွှေ	သိပ် မသဲကွဲတဲ့ အခါဆိုရင် အင်္ဂလိပ်လို ခေါ်လည်း ရပါတယ်။ ဥပမာ "အမှုဆောင် ဒါရိုက်တာ"ဆိုတဲ့ စကားထက် "မန်နေဂျင်းဒါရိုက်တာ" လို့ ခေါ်လို့ ရတယ်လေ။
လီမင်းဟို	အဲ့ဒီလိုလည်း ရတာပဲနော်။ ကျွန်တော် ကြီးစားပြီး ရာထူးအခေါ်အဝေါ်တွေ လေ့လာပဲ့မယ်။
ဦးအောင်ရွှေ	မသိတာ ရှိရင် မေးပါနော်။
လီမင်းဟို	ကျေးဇူးတင်ပါတယ်ခင်ဗျာ။

▲ 동사 ● 형용사 ★ 명사 ◆ 부사 ♣ 표현

အဖွဲ့ဝင် ★ 구성원, 일원		သိပ်ပြီး ◆ 별로	
ရာထူး ★ 직위		ကြိုးကြိုးစားစား ◆ 열심히	
ရာထူး အခေါ်အဝေါ် ★ 직위 호칭		ပျင်းပျင်းရိရိ ◆ 게으르게	
အမှုဆောင်ချုပ် ★ 회장		အိပွဲအိပွဲ ◆ 빈둥빈둥	
ဒါရိုက်တာ ★ 이사		မသဲမကွဲ ◆ 구분〈차별〉되지않게	
ဝန်ထမ်း ★ 직원		လေ့လာသည် ▲ 공부하다/배우다	
ပုံ ★ 그림		ဆည်းပူးသည် ▲ 공부하다/배우다	
ဓါတ်ပုံ ★ 사진		ရင်းနှီးကျွမ်းဝင်သည် ▲ 익숙하다/낯익다	
မြေပုံ ★ 약도〈지도〉		ပြော(ဆို)သည် ▲ 말하다/얘기하다	
ရုပ်ပုံကားချပ် ★ 그림		ဆင်(တူ)သည် ▲ 비슷하다/닮다	
ပန်းချီကားချပ် ★ 그림〈picture〉		မေးမြန်းသည် ▲ 묻다/질문하다	
ဖွဲ့စည်းတည်ဆောက်ပုံ ★ 조직도			

문법과 활용 သဒ္ဒါနှင့် အသုံးများ

① [A+ သလို+B] – [A+대로/처럼+B]

[A+ သလို+B]형은 A 문장과 B 문장을 연결해주며 어떤 상태나 행동이 나타날 때 쓴다.

(1) ကျွန်တော် သိထားသလို ပြောပြမယ်။ 제가 아는 대로 말씀드릴게요.

(2) အဆင်ပြေသလို လုပ်ပေးပါ။ 편한 대로(괜찮은 대로) 해주세요.

(3) ထင်ချင်သလို ထင်နိုင်ပါတယ်။ 생각하고 싶은 대로 생각하세요.

(4) မိန်းကလေးဆိုတာ နေချင်သလို နေလို့ မရဘူး။ 여자면 살고 싶은 대로 살면 안 돼요.

연습하기 လေ့ကျင့်ခန်း

A 다음 질문에 미얀마어로 대답해 보세요.

(1) Chairman ကို မြန်မာလို ဘယ်လို ခေါ်လဲ။ (အမှုဆောင်ချုပ်၊ ဥက္ကဌ ၊ အဓိပတိ)

회장을 미얀마어로 어떻게 부릅니까? (회장)

▶ _____

(2) Vice-Chairman ကို မြန်မာလို ရေးပါ။ (ဒု-ဥက္ကဌ)

부회장을 미얀마말로 써보세요. (부회장)

▶ _____

(3) ကုမ္ပဏီမှာ အလုပ်လုပ်နေတဲ့ သူကို ဘယ်လို ခေါ်လဲ။ (ဝန်ထမ်း၊ ကုမ္ပဏီ ဝန်ထမ်း၊ လခစား)

회사에서 근무하는 사람을 어떻게 부릅니까? (직원, 회사원, 월급쟁이/샐러리맨)

▶ _____

(4) Managing Director ကို ဘယ်လို ခေါ်လဲ။
(အမှုဆောင် ဒါရိုက်တာ၊ ဦးဆောင်ညွှန်ကြားရေးမှူး)

전무/상무이사를 어떻게 부릅니까? (전무/상무이사)

▶ _____

NOTE

113

အခန်း ၈

ကျွန်တော်တို့ ကုမ္ပဏီရဲ့ ကုန်ပစ္စည်းတွေကို ကြည့်မလား။

우리 회사 제품 보시겠어요? (제품 설명하기)

လီမင်းဟို	မမီမီရေ။ နောက်တစ်ပတ်ဆိုရင် ကျွန်တော်တို့ ကုမ္ပဏီရဲ့ ပစ္စည်းတွေကို နောက်တစ်ပတ်မှာ အရောင်းပြပွဲမှာ ခင်းကျင်းပြသမှာလေ။
မီမီ	ဒီ တစ်ခါ အဓိကထားပြီး ပြသမှာ လယ်ယာသုံး စက်ပစ္စည်းတွေနော်။
လီမင်းဟို	ဟုတ်ပါတယ်။ လောလောဆယ် ကျွန်တော် မမီမီ နားလည်အောင် ပစ္စည်းတွေရဲ့ လုပ်ဆောင်မှုကို ရှင်းပြပေးပါ့မယ်။ ပထမဆုံးအနေနဲ့၊ ရိတ်စက်ဖြစ်ပါတယ်။

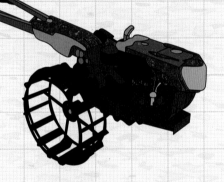

စက်အမည် = မြေဆွစက် ကိုယ်ထည် (Power Tiller)

လုပ်ဆောင်မှု = လယ်ထွန်၊မြေဆွစက်အမျိုးအစား။

မြင်းကောင်ရေ = ၁၀ကောင်အင်ဂျင်

တန်ဖိုး = ၂၅သိန်း (ကျပ်)

မီမီ	အခုတလော လယ်ယာသုံး ပစ္စည်းတွေထဲက ထွန်စက်ဟာ ဝယ်လိုအား မြင့်တက်လာ တယ်လို့ ကြားတယ်။ အိန္ဒိယထုတ်တွေ ဈေးသင့်တော်တယ်ပြောတယ်။ ကိုရီးယားမိတ်က ဈေးနည်းနည်း များနေတယ်။
လီမင်းဟို	ကျွန်တော်လည်း ဈေးကြီးနေတာကို စဉ်းစားမိပါတယ်။ ကျွန်တော်တို့ ရဲ့ ပစ္စည်းအမျိုးအစားက ကောင်းတယ်လေ။ သုံးစွဲတဲ့ တောင်သူကြီးတွေ သိမှာပါ။
မီမီ	ကောင်းပြီလေ။ တခြား လယ်ယာသုံး ပစ္စည်း ကတ်တလောက် အားလုံး ပြင်ဆင်ထားပါတယ်နော်။
လီမင်းဟို	ဟုတ်ကဲ့။ ဘာသာပြန် ဝန်ထမ်းကို အားလုံး ပြင်ဆင်ထားခိုင်းပါတယ်။
မီမီ	ဟုတ်ပြီ။ အရောင်းပြတဲ့နေ့မှာ တွေ့ကြတာပေါ့။

114

단어표현

▲ 동사　● 형용사　★ 명사　◆ 부사　♣ 표현

ကုန်စည်အရောင်းပြပွဲ ★ 전시회	ခင်းကျင်းပြသသည် ▲ 전시하다
ခန်းမ ★ 홀(Hall)	နားလည်သည် ▲ 이해하다
(ကုန်)ပစ္စည်း ★ 제품	ဘာသာပြန်သည် ▲ 번역하다
မြင်းကောင်ရေ ★ 마력	ဝယ်လိုအား မြင့်တက်သည် ▲ 수요가 증가하나
တန်ဖိုး ★ 가격	ဈေးသင့်သည် ▲ 〈가격이〉저렴하다
ကိုယ်ထည် ★ 본체	တန်ဖိုးကြီးမားသည် ▲ 비싸다
အိန္ဒိယထုတ် ★ made in India	စဉ်းစားသည် ▲ 생각하다
တရုတ်ထုတ် ★ made in China	ကောင်း(မွန်)သည် ▲ 좋다
ဝယ်လိုအား ★ 수요	ပြင်ဆင်သည် ▲ 준비하다
သယ်ယူခ ★ 경비	တွေ့(ဆုံ)သည် ▲ 만나다(미팅하다)
တောင်သူကြီး ★ 농부	အရောင်းပြခန်းက ဒဂုံမြို့နယ်မှာ ရှိတဲ့ ဦးဝိစာရလမ်း တပ်မတော်ခန်းမှာ ရှိတယ်
ဘာသာပြန် ဝန်ထမ်း ★ 번역직원	♣ 전시회는 다공(Dagon Township)에 있는 우위싸라로드 땃마도(Tatmadaw Exhibition Hall) 전시회장에서 열려요
	နေပြည်တော်မှာလည်း အရောင်းပြပွဲ ခန်းမ ရှိတယ်
	♣ 네피도〈미얀마 수도〉에도 전시관이 있어요

문법과 활용　သဒ္ဒါနှင့် အသုံးများ

① [အဓိကထား]
– [집중적으로~/~에 주력하여/초점을 맞춰/중점으로/중심적으로]

(1) အင်းလေးကန်နဲ့ ပတ်သက်ပြီး အဓိကထား ဆွေးနွေးမယ်။
　인레호수(Inlay lake)에 초점을 맞춰 의논하겠습니다.

(2) မြန်မာပြည် ဖွံ့ဖြိုးရေးကို အဓိကထားပါတယ်။ 미얀마 발전에 초점을 맞췄습니다.

(3) အစိုးရသစ်က ပညာရေးကို အဓိကထားပါတယ်။ 신정부가 교육을 집중해서 합니다.

(4) အဓိကထားပြီး ပြသမယ့် ပစ္စည်းတွေပါ။ 집중적으로 전시할 물품들입니다.

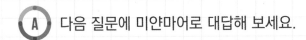

연습하기 လေ့ကျင့်ခန်း

A 다음 질문에 미얀마어로 대답해 보세요.

(1) မစ္စတာလီမင်းဟိုဟာ ပစ္စည်းတွေကို ဘယ်အချိန်မှာ ခင်းကျင်းပြသမှာလဲ။
(နောက်တစ်ပတ်၊ခင်းကျင်းပြသ)

이민호 씨는 물품들을 언제 전시할 겁니까? (다음 주 / 전시하다)

▶ _____

(2) အရောင်းပြပွဲမှာ အဓိကထားပြီး ပြသမယ့် ပစ္စည်းက ဘာ ပစ္စည်းလဲ။
(လယ်ယာသုံး စက်ပစ္စည်း)

전시장에서 집중적으로 전시할 물품은 무엇입니까? (농기구)

▶ _____

(3) အခုတလော မြန်မာဈေးကွက်မှာ ဘယ်နိုင်ငံ ပစ္စည်းက အရောင်းရဆုံးလဲ။
(အိန္ဒိယနိုင်ငံ၊ အရောင်းရဆုံး)

요즘 미얀마 시장(Market)에 어느 나라 물품이 판매가 잘 됩니까? (인도 / 판매가 잘 된다)

▶ _____

(4) မစ္စတာလီဟာ ခင်းကျင်းပြသမယ့် ပစ္စည်း ကတ်တလောက်တွေကို ပြင်ဆင်ထားလား။
(ဟုတ်ကဲ့၊ ပြင်ဆင်)

미스터 리가 전시할 물품 카탈로그를 준비했습니까? (네 / 준비하다)

▶ _____

NOTE

116

မြန်မာပြည်မှာ ကျွန်တော်တို့ ကုမ္ပဏီ ကြော်ငြာချင်တယ်။

미얀마에서 우리 회사를 홍보하고 싶습니다 (광고)

လီမင်းဟို — မချောချောရေ။ ကျွန်တော်တို့ ကုမ္ပဏီကို သတင်းစာမှာရယ်
အင်တာနက်မှာရယ် ကြော်ငြာချင်တယ်။

ဝန်ထမ်း — ဟုတ်ကဲ့ ။ ကောင်းပါပြီ။ မစ္စတာလီ လိုချင်တဲ့ ဒီဇိုင်းရယ်၊ ကုမ္ပဏီ
အကြောင်းရယ်ကို ကိုရီးယားလို အရင် ရေးပေးလို့ ရမလား။

လီမင်းဟို — အဲ့ဒီ အကြံ မဆိုးဘူး။ ကျွန်တော့် ကုမ္ပဏီဆိုတော့ ကျွန်တော်
အရင် လုပ်ကြည့်မယ်လေ။

ဝန်ထမ်း — ဟုတ်ပါပြီ။ ဒုတိယအဆင့်အနေနဲ့ ကျွန်မ မြန်မာလို ဘာသာပြန်ကြည့်ပါမယ်။

လီမင်းဟို — ကျွန်တော် ဒီဇိုင်းဆွဲထားတာလေး အီးမေးလ် ပို့ထားတယ်။

ဝန်ထမ်း — ဟုတ်ကဲ့ အီးမေးလ် ရပါတယ်။ ဘာသာပြန်နေတယ်။ ပြီးတော့မယ်။

ဝန်ထမ်း — ဒီမှာ ရပါပြီ ။ ကြည့်ပါရှင်။

လက်လီလက်ကားအရောင်းဆိုင်
မြန်မာနိုင်ငံ တပြည်လုံးလို့၊ ဈေးနှုန်းချိုသာစွာ
ပို့ဆောင်ပေးပါသည်

ဆက်သွယ်ရန်လိပ်စာ
ပဲလ်ကွန်ဒို
ကမ္ဘာအေးဘုရားလမ်း၊
ဗဟန်မြို့၊ ရန်ကုန်တိုင်း

대한민국의 최첨단 신기술로 만든 최고의 상품

농기계 판매점

도소매 판매점
미얀마 전국으로 저렴한
가격에 배송가능합니다.

연락처 : 펄 콘도
까바에이 로드, 바한동
양곤

လီမင်းဟို — ကောင်းတယ်ဗျာ။ သဘောကျပါတယ်။

▲ 동사 ● 형용사 ★ 명사 ◆ 부사 ♣ 표현

လက်ကမ်းကြော်ငြာ ★	전단지(팸플릿)	ကြော်ငြာထည့်သည် ▲	광고하다/홍보하다
ဒီဇိုင်း ★	디자인	ကြော်ငြာခ ဈေးကြီးသည် ▲	광고비가 비싸다
စတိုင် ★	스타일	ဒီဇိုင်းရေးဆွဲသည် ▲	디자인을 하다
အကြောင်း ★	내용	အကြံကောင်းသည် ▲	아이디어가 좋다
ပထမ ★	첫 번째	လုပ်ကြည့်သည် ▲	해보다
ဒုတိယ ★	두 번째	အရစ်ကျ ပေးသွင်းလို့ ရပါတယ် ♣	할부해도 됩니다
အာမခံကြေး ★	보험료	၁နှစ် အရစ်ကျ ပေးနေပါတယ် ♣	1년 할부 행사 중입니다
အရစ်ကျ ★	할부	ကုန်ပစ္စည်းအခွန် ဆောင်ရတယ် ♣	물품세를 내야 돼요
ကုန်ပစ္စည်းအခွန် ★	물품세	ကွန်တိန်နာနဲ့ မြန်မာပြည်ကို သယ်လာပါတယ် ♣	콘테이너로 미얀마까지 운반해왔습니다
ကော်မရှင်(ဝန်ဆောင်ခ) ★	수수료		

문법과 활용 သဒ္ဒါနှင့် အသုံးများ

① [ပထမ၊ ဒုတိယ.....] – [서수(ordinal number)]에 대해 알아보자.

아래 표를 보면 알 수 있듯이 첫 번째부터 열 번째까지는 팔리어(Pali Language)에서 수용한 낱말이며 새롭게 습득할 필요가 있다. 열한 번째부터 열아홉 번째까지는 순수 미얀마어 고유숫자를 사용하고 스무 번째부터는 [번수 + 숫자 +번째] 형식으로 사용한다.

미얀마어 서수(ordinal number)

ပထမ အကြိမ်မြောက်	첫, 첫 번째	၁၁ကြိမ်မြောက်	11번째	အကြိမ် ၂၀မြောက်	20번째
ဒုတိယ အကြိမ်မြောက်	두 번째	၁၂ကြိမ်မြောက်	12번째	အကြိမ် ၃၀မြောက်	30번째
တတိယ အကြိမ်မြောက်	세 번째	၁၃ကြိမ်မြောက်	13번째	အကြိမ် ၄၀မြောက်	40번째
စတုတ္ထ အကြိမ်မြောက်	네 번째	၁၄ကြိမ်မြောက်	14번째	အကြိမ် ၅၀မြောက်	50번째
ပဉ္စမ အကြိမ်မြောက်	다섯 번째	၁၅ကြိမ်မြောက်	15번째	အကြိမ် ၆၀မြောက်	60번째
ဆဋ္ဌမ အကြိမ်မြောက်	여섯 번째	၁၆ကြိမ်မြောက်	16번째	အကြိမ် ၇၀မြောက်	70번째
သတ္တမ အကြိမ်မြောက်	일곱 번째	၁၇ကြိမ်မြောက်	17번째	အကြိမ် ၈၀မြောက်	80번째
အဋ္ဌမ အကြိမ်မြောက်	여덟 번째	၁၈ကြိမ်မြောက်	18번째	အကြိမ် ၉၀မြောက်	90번째
နဝမ အကြိမ်မြောက်	아홉 번째	၁၉ကြိမ်မြောက်	19번째	အကြိမ် ၁၀၀မြောက်	100번째
ဒသမ အကြိမ်မြောက်	열 번째			အကြိမ် ၁၀၀၀မြောက်	1000번째

(1) ၁၁ကြိမ်မြောက် ပြင်ဦးလွင် ပန်းပွဲတော်။ 11번째 삔우린(PyinOoLwin City) 꽃축제

(2) အကြိမ် ၁၀၀ မြောက် အောင်ဘာလေထီ။ 100번째 아웅발레 로또

(3) တတိယ အကြိမ်မြောက် ကွန်ပျူတာ သင်တန်း။ 세 번째 컴퓨터 학원

(4) အကြိမ် ၅၀မြောက် သင်္ကြန်ပွဲ။ 50번째 물축제(띤잔 행사)

연습하기 လေ့ကျင့်ခန်း

A 다음 질문에 미얀마어로 대답해 보세요.

(1) မစ္စတာလီမင်းဟိုက ကုမ္ပဏီကို ဘယ်မှာ ကြော်ငြာချင်လဲ။ (သတင်းစာ၊ အင်တာနက်)

이민호 씨가 회사를 어디에 광고하고 싶은 건가요? (신문, 인터넷)

▶ _____

(2) ကုမ္ပဏီ ကြော်ငြာအတွက် ဒီဇိုင်းကို ဘယ်သူက ဆွဲလဲ။ (ဒီဇိုင်း ၊ မစ္စတာလီ)

회사 광고를 위해 디자인을 누가 만들었나요? (디자인 / 미스터 리)

▶ _____

(3) မစ္စတာလီ ဒီဇိုင်း ဆွဲထားတာကို ဘယ်သူက ဘာသာပြန်လဲ။ (ဝန်ထမ်း၊ ဘာသာပြန်)

미스터 리가 만든 디자인 및 내용을 누가 번역했습니까? (직원 / 번역자)

▶ _____

(4) မစ္စတာလီ ကုမ္ပဏီဟာ လယ်ယာပစ္စည်းများကို လက်ကားပဲ ရောင်းပါတယ်။
(လက်လီလက်ကား၊ မဟုတ်ပါ)

미스터 리의 회사는 농기구를 도매로만 판매합니다. (도소매 / 아닙니다)

▶ _____

အခန်း ၁၀

မြန်မာ buyer နဲ့ မီတင်း ဘယ်ရက်တွေ့ဖို့ ချိန်းထားလဲ။

미얀마 바이어하고 미팅 날짜가 언제인가요? (대인관계)

လီမင်းဟို　ဒီနေ့ ကျွန်တော့်ရဲ့ meeting ဘယ်နှစ်ခုရှိလဲ။ Meeting မရှိရင် ဂေါက်သီးအသင်း ဒင်နာရှိတယ်။ စောစော သွားမလားလို့။

ဝန်ထမ်း　မစ္စတာလီ ။ ဒီနေ့ မြန်မာ buyer နဲ့ နေ့လည် ၂နာရီမှာ meeting ရှိပါတယ်ရှင်။

လီမင်းဟို　ဩော်။ ပြီးခဲ့တဲ့လက ကျွန်တော်တို့ ကုန်ပစ္စည်းတွေကို စိတ်ဝင်စားတဲ့ လုပ်ငန်းရှင်လား။

ဝန်ထမ်း　ဟုတ်ပါတယ်ရှင်။ တမြန်နေ့က ကုန်ပစ္စည်း ကတ်တလောက်တွေ ထပ်တောင်းနေလို့ ကျွန်မ အီးမေးလ် ပို့ထားသေးတယ်။

လီမင်းဟို　ဟုတ်လား။ တော်တော် စိတ်ဝင်စားပုံရတယ်။ ဒီနေ့ meeting မလုပ်ခင် မြန်မာ အလုပ်ရှင် မေးနိုင်လောက်တဲ့ ဒေတာလေးတွေ ကြိုတင်ပြင်ဆင်ထားရင် ကောင်းမယ်။
ကဲ။ အစ်မရေ။ ကျွန်တော့်ကို ဘလက်ကော်ဖီလေး တစ်ခွက်လောက်ဗျာ။

ဝန်ထမ်း　ကော်ဖီစေ့က ကုန်နေတယ်။ ဒီနေ့ ထမင်းစားချိန်ကျမှ သွားဝယ်မလို့ ရှင့်။

လီမင်းဟို　ဒါဆိုလည်း ကော်ဖီမစ်ပဲ ပေးပါဗျာ။

ဝန်ထမ်း　ကော်ဖီမစ်လည်း မရှိဘူး။ လက်ဖက်ရည်ကြမ်းပဲ ရှိပါတယ်။

단어표현

● 동사 ● 형용사 ★ 명사 ◆ 부사 ♣ 표현

Meeting(အစည်းအဝေး) ★ 미팅(회의)	အစည်းအဝေးထိုင်သည် ▲ 회의다
ဂေါက်သီးအသင်း ★ 골프 모음	ဂေါက်ရိုက်သည် ▲ 골프 치다
ဂေါက်သီး ★ 〈속어〉사이코	meeting ရှိသည် ▲ 미팅 있다
ဒင်နာ ★ 저녁식사	စိတ်ဝင်စားသည် ▲ 관심 있다
လုပ်ငန်းရှင် ★ 사업가	ကြိုတင်ပြင်ဆင်သည် ▲ 미리 준비하다
ကုန်ပစ္စည်း ကတ်တလောက် ★ 물품 카탈로그	ကော်ဖီဖျော်သည် ▲ 커피 타다
(ဒေတာ)အချက်အလက် ★ 자료	(ပစ္စည်း)ကုန်သည် ▲ (물품)떨어지다
ကော်ဖီစေ့ ★ 커피씨(seed)	အချက်အလက်များ စုစည်းသည် ▲ 자료를 모으다
ကော်ဖီမစ် ★ 커피믹스	လုပ်ငန်းရှင် တွေ့ဆုံပွဲကြီး ♣ 사업가 미팅
လက်ဘက်ရည်ကြမ်း ★ 차(Tea)	
လက်ဘက်ရည် ★ 밀크티	

문법과 활용 သဒ္ဒါနှင့် အသုံးများ

① **[동사+ ပုံ ရတယ်] – [동사+ ~할 것 같아요/ ~ 할 모양이다]**

[동사+ **ပုံ ရတယ်**]형의 **ပုံ** "명사"는 모양, 형태, 형(形)의 뜻을 가지고 있으며 [동사+ ~할 것 같아요]형 보다 [동사+~할 모양이다]의 의미가 강하다.

(1) **သားကို တော်တော် ချစ်ပုံရတယ်**။ 아들을 무척 사랑할 모양입니다.

(2) **အန္တရာယ် ရှိတယ်လို့ သိထားပုံ ရတယ်**။ 위험하다고 알고 있는 모양입니다.

(3) **ဒီ ပညာရပ်ကို စိတ်ဝင်စားပုံ ရတယ်**။ 이 학문에 대해서 관심이 많은 모양입니다.

(4) **ပင်ပန်းနေပုံ ရတယ်**။ 피곤한 모양입니다.

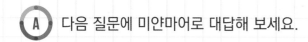

연습하기 လေ့ကျင့်ခန်း

A 다음 질문에 미얀마어로 대답해 보세요.

(1) ဒီနေ့ မစ္စတာလီ ဘယ်သူနဲ့ meeting ရှိလဲ။ (မြန်မာ buyer ၊ meeting ၊ ရှိတယ်)

오늘 미스터 리는 누구와 미팅할 건가요? (미얀마 바이어 / 미팅 / 있다)

▶

(2) မစ္စတာလီဟာ meeting မသွားခင် ဒေတာ အချက်အလက်တွေ ပြင်ဆင်ထားလား။
(ပြင်ဆင်၊ ဟုတ်ကဲ့)

미스터 리는 미팅 전에 자료를 준비해 뒀어요? (준비하다 / 네)

▶

(3) မစ္စတာလီနဲ့ meeting တွေ့မယ့် မြန်မာ buyer က ဘယ်သူလဲ။
(ကုန်ပစ္စည်း ၊ စိတ်ဝင်စားသူ၊ ဖြစ်ပါတယ်)

미스터 리와 미팅할 미얀마 바이어는 누구입니까? (물품, 상품 / 관심 있는 자 / 입니다)

▶

(4) ဝန်ထမ်းဟာ မြန်မာ buyer ဆီကို အီးမေးလ်နဲ့ ဘာ ပို့ထားလဲ။
(ကုန်ပစ္စည်း ၊ ကတ်တလောက်)

직원은 미얀마 바이어에게 메일로 무엇을 보냈나요? (물품, 상품 / 카탈로그)

▶

NOTE

အခန်း ၁၁

မြန်မာပြည်တွင်း မားကတ်တင်း ဆင်းချင်ရင် ဘယ်လို လုပ်ရမလဲ။

미얀마 시장을 조사하려면 어떻게 해야 해요? (시장조사)

လီမင်းဟို	မမိမိ။ ကျွန်တော် ကုမ္ပဏီအတွက် မားကတ်တင်းဆင်းမလားလို့ မမိမိက လုပ်ငန်းအတွေ့အကြုံလည်း များတယ်။ နိုင်ငံခြား ကုမ္ပဏီမှာလည်း လုပ်ဖူးတယ်မို့လား။
မိမိ	နိုင်ငံခြားကုမ္ပဏီမှာ လုပ်ဖူးတဲ့ လုပ်ငန်းအတွေ့အကြုံ အရ ကျွန်မ သိတာလေး ပြောပြပါ့မယ်။
လီမင်းဟို	ဟုတ်ကဲ့ပါ။ ကျွန်တော်လည်း ကိုရီးယား ဝန်ထမ်းဘဝက သိထားတာ တွေ့ရှိပါတယ်။ ဒါပေမယ့် ကျွန်တော်လုပ်လာတာက ကိုရီးယား လူ့အဖွဲ့အစည်းနဲ့ ကိုက် ညီတဲ့ မားကတ်တင်းလေ။ မြန်မာဆိုတော့ မြန်မာနည်းနဲ့ လုပ်ကြည့်ချင်လို့ အကူအညီ တောင်းတာပါနော်။
မိမိ	ရပါတယ်ရှင်။ မားကတ်တင်းရဲ့ ရှေ့ပြေးအနေနဲ့ ပစ္စည်းအကြောင်းဖော် ပြရမယ်။ ဈေးကွက်ဆန်းစစ်ချက်ရှိရမယ်။ ဘယ်ဈေးကွက်ကို ဦးတည်မှာလဲ နဲ့ မားကတ်တင်းအနေနဲ့ ပစ္စည်းကို ရောင်းထွက်အောင် ဘယ်လိုလုပ်မလဲ။ ပစ္စည်းကို ဝယ်မယ့် customer (ဝယ်သူ)က ဘယ်အသက်အရွယ်ပိုင်းလဲ။ ပစ္စည်းထုတ်ပိုးမှုက ဘယ်လိုလုပ်မှာလဲ စသည်ဖြင့်ပေ့ါ။
လီမင်းဟို	ကျွန်တော် ကိုရီးယားမှာ လုပ်ခဲ့စဉ်တုန်းကနဲ့ ဘာမှ မထူးပါဘူးနော်။
မိမိ	သြော်။ မစ္စတာလီကလည်း ဒီပညာရပ်ဟာ ဘယ်မှာပဲ သုံးသုံး ၊ သီအိုရီ နီယာမတွေကတော့ အတူတူပဲလေ။
လီမင်းဟို	ဟုတ်တော့လည်း ဟုတ်ပါတယ်။ ကျေးဇူးပဲဗျာ။ ကျွန်တော် မြန်မာပြည် မှာ ရှိနေစဉ်အတွင်း မမိမိလို သူငယ်ချင်း ရထားတာ မဟာ ကုသိုလ်ပါပဲ။
မိမိ	(ခစ်ခစ်ခစ်) ကျေးဇူးတင်ရင် မုန့်လိုက်ဝယ်ကျွေးပါ။ အလကား စတာနော်။

단어표현

▲ 동사 ● 형용사 ★ 명사 ◆ 부사 ♣ 표현

မားကတ်တင်း ★ 마케팅	တူညီသည် ▲ 똑같다
လုပ်ငန်းအတွေ့အကြုံ ★ 〈직업〉경력	မုန့်ဝယ်ကျွေးသည် ▲ 한턱내다
နိုင်ငံခြား ကုမ္ပဏီ ★ 외국계 회사	စ(နောက်)သည် ▲ 농담하다
ဝန်ထမ်းဘဝ ★ 직장생활	ကျီစားသည် ▲ 농담하다
လူ့အဖွဲ့အစည်း ★ 사회	နောက်(ပြောင်)သည် ▲ 농담하다
အကူအညီ ★ 도움	အတွေ့အကြုံများသည် ▲ 경력이 많다
ဈေးကွက်ဆန်းစစ် ★ 시장 분석	အကူအညီတောင်းသည် ▲ 도움을 요청하다
ဝယ်သူ ★ 고객	အကူအညီ ရယူသည် ▲ 도움을 받다
ရောင်းသူ ★ 판매자	ဦးတည်သည် ▲ 목표로 하다
အသက်အရွယ် ★ 연령대	ပစ္စည်းထုပ်ပိုးသည် ▲ 물품을 포장하다
ပစ္စည်းထုပ်ပိုးမှု ★ 포장	ထူးခြားသည် ▲ 특별하다
သီအိုရီ(နိယာမ) ★ 이론	ပြောင်မြောက်သည် ▲ 뛰어나다, 훌륭하다

문법과 활용 သဒ္ဒါနှင့် အသုံးများ

1 [အနေနဲ့] – [~로서/~의 자격으로, 입장에서/~에 관하여]

[**အနေနဲ့**]는 불변화사 (不變化詞) 혹은 소사(小辭/小詞])(Particle) 이다.
자격, 기능을 표현할 때 쓰고 문어체(文語體)에서는 [**အနေဖြင့်**]를 사용한다.

(1) ဆရာတစ်ဦး အနေနဲ့ ဆုံးမချင်တယ်။ 선생님으로서 타이르고 싶다.

(2) ဒီ အဖွဲ့က ပထမဦးဆုံး အနေနဲ့ ပရဟိတ လုပ်တယ်။ 이 단체로서 처음으로 봉사활동을 합니다.

(3) မိဘအနေနဲ့ လုပ်ဆောင်သင့်တယ်။ 부모님으로서 해야만 해요.

(4) ကျွန်တော့် အနေနဲ့ ပြောချင်တာကတော့.....။ 저로서 말씀드리고 싶은 것은…….

연습하기 လေ့ကျင့်ခန်း

A 다음 질문에 미얀마어로 대답해 보세요.

(1) မားကတ်တင်းဆင်းဖို့ မစ္စတာ လီမင်းဟိုက ဘယ်သူ့ဆီကို အကူညီတောင်းလဲ။
(မီမီ၊ အကူအညီ)

마케팅을 하기 위해 이민호 씨는 누구한테 도움을 요청했나요? (미미 씨, 도움)

▶ _____

(2) မီမီက နိုင်ငံခြား ကုမ္ပဏီမှာ လုပ်ဖူးလား။ (ဟုတ်ကဲ့၊ ဟင့်အင်း၊ လုပ်ဖူးတယ်။)

미미가 외국계 회사에 취직해 본 적이 있나요? (네, 아니요, 해 본 적이 있어요.)

▶ _____

(3) မားကတ်တင်း ရှေ့ပြေးတွေက ဘာတွေ ရှိလဲ။ (ဈေးကွက်၊ ဝယ်သူ၊ ပစ္စည်းထုပ်ပိုးမှု)

마케팅을 하기 전에 우선적으로 하는 것들이 무엇이 있습니까? (시장(조사) / 고객 / 포장)

▶ _____

(4) မစ္စတာလီက မြန်မာပြည်မှာ ပထမဦးဆုံး မားကတ်တင်း ဆင်းမှာလား။
(ဟုတ်တယ်၊ မဟုတ်ဘူး၊ မားကတ်တင်း)

미스터 리가 미얀마에서 최초로 마케팅하는 건가요? (네 / 아닙니다 / 마케팅)

▶ _____

NOTE

125

အခန်း ၁၂

အလုပ်ကနေ ရတဲ့ စိတ်ဖိစီးမှု ဖြေဖျောက်ရမယ်။

업무 스트레스를 해소해야겠어요 (결근 사유서)

လီမင်းဟို	ဦးအောင်ရွှေ ခင်ဗျာ။ ကျွန်တော် မနှစ်က ကုမ္ပဏီဝန်ထမ်းအနေနဲ့ လာခဲ့တာဆိုတော့ နားရက်ဆို နားလိုက်ရုံပဲ။ မိသားစုနဲ့ အချိန်ဖြုန်းလိုက်၊ အားလပ်ရက် ရက်တို ခရီးရှည် သွားလိုက်နဲ့ တော်တော်ကောင်းတယ်ဗျာ။
ဦးအောင်ရွှေ	ဒါဆို ဒီနှစ်က မနှစ်ကလောက် မကောင်းဘူးဆိုတဲ့ သဘောလား။
လီမင်းဟို	ဒါပေါ့ဗျာ။ ကုမ္ပဏီဝန်ထမ်းက ထွက်ပြီး ကိုယ်ပိုင်လုပ်ငန်းလေး စလုပ် ပါတယ်။ လေ့လာသင်ယူစရာတွေ၊ ကုမ္ပဏီအတွင်း ဝန်ထမ်းခန့်ထားမှုက အစ၊ တခြား ကိစ္စတွေပါ ပါလာတော့ တော်တော် ပင်ပန်းပါတယ်။
ဦးအောင်ရွှေ	စိတ်ပိုင်းဆိုင်ရာ ပင်ပန်းနွမ်းနယ်မှု ရှိလာရင် ဖြေဖျောက်ရမယ်ဗျာ။
လီမင်းဟို	နည်းလမ်းလေး ရှိရင် သင်ပေးပါလားဗျာ။ ကျွန်တော် လုပ်နေကျ ဂေါက်သီးရိုက်တယ်။ ခရီးသွားတယ်ဗျာ။
ဦးအောင်ရွှေ	ဒီလို လုပ်လေဗျာ။ ကုမ္ပဏီပိုင်ရှင် ဆိုပေမယ့် ရက်အနည်းငယ် ခွင့်ယူလိုက်ပါလား။ မန်နေဂျင်ဒါရိုက်တာကို အားလုံး လွှဲထားပြီး ရိပ်သာ ခဏ သွားပြီး စိတ်ကို အနားပေးလိုက်ပါ။
လီမင်းဟို	ကျွန်တော်က ခရစ်ယာန်ဗျ။
ဦးအောင်ရွှေ	ရိပ်သာသွားပြီး စိတ်ပိုင်းဆိုင်ရာ အနားယူတာ ဘာသာကွဲနေရင်လည်း ရပါတယ်ဗျာ။ ရိပ်သာသွားပြီး စာရင်းပေး၊ ၄၊၅ရက်လောက် စိတ်အနားပေးရင် ခင်ဗျား စိတ်တွေ ပြန်လည် လန်းဆန်းလာပြီး အိုင်ဒီယာကောင်းတွေပါ ထွက်လာမယ်ဗျ။

단어표현

▲ 동사　● 형용사　★ 명사　◆ 부사　♣ 표현

စိတ်ပင်ပန်းဆင်းရဲမှု ★ 스트레스	လန်းဆန်းသည် ▲ 상쾌하다
နားရက် ★ 휴일	အိုင်ဒီယာကောင်းထွက်သည် ▲ 좋은 아이디어가 나오다
(ရက်တို)ပိတ်ရက် ★ (단기)휴가	ပြန်လည် ကောင်းမွန်သည် ▲ 호전하다
(ရက်ရှည်)ပိတ်ရက် ★ (장기)휴가	ဖြေဖျောက်သည် ▲ 완화하다
မနှစ်က ★ 작년에	အနားယူသည် ▲ 휴식하다
ကိုယ်ပိုင်လုပ်ငန်း ★ 자영업	အပန်းဖြေသည် ▲ 휴식하다
စိတ်ပိုင်းဆိုင်ရာ ★ 정신적	အချိန်ဖြုန်းသည် ▲ 시간을 낭비하다
နည်းလမ်း ★ 방법(방안)	အချိန်ကုန်ဆုံးသည် ▲ 만기/만료되다
အားလုံး ◆ 모두	ပင်ပန်းနွမ်းနယ်သည် ▲ 지치다
ခဏ ◆ 잠시	ဂေါက်သီးရိုက်သည် ▲ 골프 치다
စိတ် ★ 마음	ခရီးသွားသည် ▲ 여행 가다
ခရစ်ယာန် ★ 기독교	လက်လွှဲသည် ▲ 위임하다
ဘာသာရေး ★ 종교	ဘာသာကွဲသည် ▲ 종교가 다르다
တရားရိပ်သာ ★ 수행센터(명상)	စိတ်အနားပေးသည် ▲ 마음을 쉬게 하다

문법과 활용 သဒ္ဒါနှင့် အသုံးများ

① [A+ လိုက် +B + လိုက်] – [A+하기도 하고 + B+하기도 하고]

[လိုက်]의 사전적인 의미를 살펴보자.

[လိုက်] ①-(동사)뒤따라가다, 좇다, 추적하다

[လိုက်] ②-(조동사)　2-1- 어떤 행동이나 행위가 마무리되었을 때,

　　　　　　　　　2-2- 어떤 행동이나 행위를 한 가지 이상 했을 때,

　　　　　　　　　2-3- 어떤 행동을 하도록 권할 때 사용한다.

여기에서 [လိုက်]는 사전적 의미 중에 ②번의 2-2에 해당된다.

(1) ကျောင်းပိတ်ရက် အိမ်မှာ အိပ်လိုက် စားလိုက် လုပ်တယ်။
방학 때 집에서 자고 먹기만 하네요.

(2) မက်ဆေ့ပို့လိုက် ကော်ဖီသောက်လိုက် နဲ့ စာကို ဂရုစိုက်ကြည့်။
문자 보내고 커피 마시기만 하네. 공부에 집중해라.

(3) ချစ်လိုက် မုန်းလိုက် မင်း စိတ်ကြိုက် လုပ်ပါ။ 사랑하든 미워하든 네 마음대로 해라.

(4) ဖေ့ဘုတ် ကြည့်လိုက် တီဗွီ ကြည့်လိုက်။ 페이스북 보기와 텔레비전 보기만 하네.

A 다음 질문에 미얀마어로 대답해 보세요.

(1) မစ္စတာလီမင်းဟို အလုပ်ကြောင့် စိတ်ပင်ပန်းနေလား။ (စိတ်ပင်ပန်း၊ စိတ်ဖိစီး၊ ဟုတ်ကဲ့)

이민호 씨가 회사 일로 인해 스트레스받았습니까? (스트레스 / 네)

▶ _____

(2) အလုပ်ကြောင့် ပင်ပန်းနေတဲ့ မစ္စတာလီကို ဘယ်သွားဖို့ အကြံပေးလဲ။ (ရိပ်သာ၊ တရားထိုင်)

회사 일로 인해 스트레스받고 있는 미스터 리에게 어디에 가라고 추천했습니까?
(명상센터, 수행(명상))

▶ _____

(3) မစ္စတာလီက မနှစ်ကရော စိတ်ပင်ပန်းလား။ (စိတ်ပင်ပန်း၊ မနှစ်က၊ ဟင့်အင်း)

미스터 리는 작년에도 스트레스받았나요? (스트레스 / 작년 / 아니요)

▶ _____

(4) မစ္စတာလီ လုပ်နေကျ အပန်းဖြေမှုတွေက ဘာတွေ ရှိလဲ။ (ဂေါက်သီးရိုက်၊ ခရီးသွား၊ အပန်းဖြေ)

미스터 리가 늘(으레) 하곤 하는 휴식이 무엇입니까? (골프 치는 것, 여행 가기, 휴식)

▶ _____

NOTE

အခန်း
၁၃

ကျွန်တော် ညှေ့ခံချင်ပါတယ်။
식사를 대접하고 싶습니다 (비즈니스 회식)

လီမင်းဟို	ဟာလို၊ ဦးသန်းထွန်းလားခင်ဗျာ။ ကျွန်တော် တမြန်နေ့ က မီတင်း လုပ်ထားတဲ့ မစ္စတာ လီမင်းဟိုပါ။
ဦးသန်းထွန်း	ဟာလို ။ အမိန့်ရှိပါခင်ဗျာ။
လီမင်းဟို	ဟုတ်ကဲ့။ ကျွန်တော်တို့ meeting အောင်မြင်တဲ့ အနေနဲ့ ဒီအပတ် သောကြာနေ့ ဒင်နာပွဲလေး လုပ်ချင်ပါတယ်။
ဦးသန်းထွန်း	ကျေးဇူးပါဗျာ။ မစ္စတာလီ အဆင်ပြေသလို ဆောင်ရွက်ပါ။ ကျွန်တော် ဒီအပတ် သောကြာနေ့ ည အချိန်ရပါတယ်။
လီမင်းဟို	ကျေးဇူးပါဗျာ။ ဒါဆို ကျွန်တော် စီစဉ်လိုက်ပါ့မယ်။
လီမင်းဟို	(ဝန်ထမ်းအား) အစ်မရေ၊ ကျွန်တော် ဒီ အပတ် သောကြာနေ့ ဒင်နာ ပွဲလေးလုပ်ချင်ပါတယ်။ ကြည့်ကြပ်ပြီး ရန်ကုန်မြို့ထဲက buyerအချင်းချင်း အေးအေးဆေးဆေးတွေ့နိုင်မယ့် နေရာလေး စီစဉ်ပေးပါ။
ဝန်ထမ်း	ဟုတ်ကဲ့ပါရှင်၊ အေးအေးဆေးဆေး တွေ့နိုင်မယ့် ရှန်ဂရီလာဆူးလေ ဟိုတယ်က ကိုရီးယား စားသောက်ဆိုင်မှာ ဘွတ်ကင်လုပ်လိုက်ပါ့မယ်။
လီမင်းဟို	အိုကေ။

129

▲ 동사　● 형용사　★ 명사　◆ 부사　♣ 표현

တမြန်နေ့ ★ 엊그제	အမိန့်ရှိပါခင်ဗျာ(ရှင်) ♣ 말씀하세요(통화할 때)
မနေ့ ★ 어제	အဆင်ပြေသလို လုပ်ပါ ♣ 편한 대로 하십시오(상대 양보)
သောကြာနေ့ ★ 금요일	စိတ်ချမ်းသာသလို လုပ်ပါ ♣ 편한 대로 하십시오(상대 양보)
ဒင်နာပွဲ ★ 저녁식사	နင်စိတ်ကြိုက်လုပ် ♣ 네 마음대로 해 (비격식)
နေရာ(ဌာန) ★ 장소	ချီးယား!! ♣ 건배 (cheers)
ဝန်ထမ်း ★ 직원	အချိန် ရပါတယ် ▲ 시간됩니다. (한가해요)
အရက် ★ 술	အောင်မြင်သည် ▲ 성공하다
ဝီစကီ ★ 위스키(술)	ကျရှုံးသည် ▲ 실패하다
ဘီယာ ★ 맥주	ရှုံးနိမ့်သည် ▲ 실패하다
အချင်းချင်း ◆ 서로	ဘွတ်ကင်လုပ်သည် ▲ 예약하다
အေးအေးဆေးဆေး ◆ 편하게	အရက်ဒို့သည် ▲ 술을 따르다

문법과 활용　သဒ္ဒါနှင့် အသုံးများ

① **[အမိန့်ရှိ] – [말씀하시다]**

[အမိန့်ရှိ]는 [스님이나 존경받은 분]발언하다/ 말씀하시다의 뜻을 가지고 있다. 일반적인 '말하다/얘기하다'는 စကားပြော 이다. 스님과 대화하거나 사회에서 존경받는 분과의 대화에서 주로 사용한다. 또한 전화받을 때 '여보세요'라고 대답한 뒤 [အမိန့်ရှိ]라고 한다.

ဟယ်လို၊ အမိန့်ရှိပါ၊ ဘယ်သူနဲ့ ပြောချင်ပါလဲ။ 여보세요, 말씀하세요. 누구와 통화하고 싶어요?

연습하기 လေ့ကျင့်ခန်း

A 다음 질문에 미얀마어로 대답해 보세요.

(1) မစ္စတာလီမင်းဟိုက ဘယ်သူ့ဆီကို ဖုန်းဆက်လဲ။ (ဦးသန့်ထွန်း၊ ဖုန်းဆက်)

미스터 리가 누구에게 전화를 걸었습니까? (우딴툰 / 전화를 걸다)

▶ _____

(2) ဘာအတွက်ကြောင့် မစ္စတာ လီက ဦးသန့်ထွန်းကို ညှေ့ခံချင်တာလဲ။(meeting အောင်မြင်)

왜 미스터 리가 우딴툰을 대접하려고 합니까? (미팅 / 성공)

▶ _____

(3) ဦးသန့်ထွန်းက ဘယ်နေ့ အားတယ်လို့ ပြောလဲ။ (သောကြာနေ့၊ ဒီ အပတ်၊ အားတယ်)

우딴툰이 언제 시간이 있다고 했습니까? (금요일/ 이번 주 / 시간 있다)

▶ _____

(4) အတွင်းရေးမှူးက ဘယ်နေရာမှာ ဒင်နာ ဘွတ်ကင်လုပ် ပေးထားလဲ။

(ရန်ဂရီလာ ဆူးလေ ဟိုတယ်၊ ဘွတ်ကင်လုပ်)

비서가 어디로 저녁 식사 예약을 했습니까? (술래 샹그릴라 호텔 / 예약하다)

▶ _____

NOTE

အခန်း ၁၄

မြန်မာ buyer ကို ဘာ လက်ဆောင်ပေးရင် ကောင်းမလဲ။

미얀마 비즈니스 바이어에게 어떤 선물을 하면 좋을까요?
(관계)

လီမင်းဟို	ဦးအောင်ရွှေခင်ဗျာ။ ကျွန်တော် ဒီအပတ် သောကြာနေ့. မြန်မာ buyer နဲ့. ဒင်နာရှိတယ်ဗျ။ ကိုရီးယားလက်ဆောင်ပေးချင်တယ်။
ဦးအောင်ရွှေ	ဘာ လက်ဆောင်ပေးဖို့ ရည်ရွယ်ထားလဲ။
လီမင်းဟို	ကိုရီးယားလက်ဆောင် ဘာပေးရင်ကောင်းမလဲ စဉ်းစားနေတာ။ ကိုရီးယားနှစ်ရှည် ဂျင်ဆင်းရယ်၊ ရေညို၊ ကိုရီးယား ကော့စမက်တစ် ရှိပါတယ်။
ဦးအောင်ရွှေ	ကိုရီးယားနှစ်ရှည် ဂျင်ဆင်းက ကောင်းမယ်ထင်တယ်။
လီမင်းဟို	ဂျင်ဆင်းက အပူများတယ်လေ။ မြန်မာပြည်ရဲ့. ရာသီဥတုက အခု ဧပြီလ ဆိုတော့ ကြည့်ပါဦးဗျာ။ ၃၆ ဒီဂရီ ကျော်တယ်ဗျာ။
ဦးအောင်ရွှေ	ဒါဆိုလည်း ရေညိုနှင့် ကိုရီးယားလုပ် ကော့စမက်တစ် မဆိုးပါဘူး။
လီမင်းဟို	ကျေးဇူးတင်ပါတယ်ဗျာ။ ကျွန်တော့် ဝန်ထမ်းကလည်း အဲ့ဒီလို အကြံဉာဏ်ပေးတယ်။
ဦးအောင်ရွှေ	ပျော်ရွှင်တဲ့ ဒင်နာလေး ဖြစ်ပါစေဗျာ။

단어표현

▲ 동사　● 형용사　★ 명사　◆ 부사　♣ 표현

လက်ဆောင် ★ 선물	လာဘ်စားသည် ▲ 뇌물을 먹다
လာဘ်ထိုး ★ 뇌물	စဉ်းစားသည် ▲ 생각하다
ရေညှိ ★ 김	ရည်ရွယ်သည် ▲ 지향하다
ဂျင်ဆင်း ★ 인삼	နှစ်ရှည်လများ စိမ်ထားတဲ့ ဂျင်ဆင်းပါ
ကော့စမက်တစ်(မိတ်ကပ်) ★ 화장품	♣ 오랜 세월 동안 담가놓은 인삼입니다.
မျက်နှာသစ်ဆေး ★ 클렌징	ကောင်းမယ်ထင်တယ်နော် ♣ 좋을 것 같아요. 그렇지요?
အပူ ★ 온도 / 기온	အကြံဉာဏ်ကောင်းတယ် ♣ 아이디어가 좋아요
ဒီဂရီ ★ 도(degree)	အိုင်ဒီယာကောင်းတယ် ♣ 아이디어가 좋아요
အကြံဉာဏ် ★ 아이디어	ပျော်ရွှင်တဲ့ နေ့လေး ဖြစ်ပါစေ ♣ 즐거운 하루 보내세요
	ရာသီဥတု ကောင်းမွန်တယ် ♣ 날씨가 좋아요

문법과 활용 သဒ္ဒါနှင့် အသုံးများ

① [명사+ မဆိုးဘူး] – [명사+나쁘지 않다.]

[명사+ **မဆိုးဘူး**]형에서 나온 **ဆိုး** 는 '나쁘다'의 뜻이고 '**မ**+ **+ဘူး**'형은 부정의 뜻을 가지고 있기 때문에 '부정+부정=긍정'형이 된다.

(1) မြန်မာ၀တ်စုံ ၀တ်ရင် မဆိုးဘူး။ 미얀마 전통복을 입으면 나쁘지 않아요.

(2) ရာသီဥတု မဆိုးဘူး။ 날씨가 나쁘지 않아요.

(3) ကိုရီးယားလက်ဆောင် ပေးရင် မဆိုးဘူး။ 한국 선물을 주면 나쁘지 않아요.

(4) ညနေစာကို မုန့်ဟင်းခါး လုပ်စားရင် မဆိုးဘူး။

저녁식사를 몽힝카(미얀마쌀국수) 해 먹으면 나쁘지 않아요.

Ⓐ 다음 질문에 미얀마어로 대답해 보세요.

(1) မစ္စတာလီမင်းဟိုက ဒီအပတ် ဘယ်သူနဲ့ တွေ့မှာလဲ။ (မြန်မာ buyer ၊ တွေ့)

이민호 씨는 이번 주에 누구와 만날 건가요? (미얀마 바이어 / 만나다)

▶ _____

(2) ဘာ လက်ဆောင်ပေးဖို့ စိတ်ကူးထားလဲ။ (ဂျင်ဆင်း၊ ရေညှို၊ ကော့စမက်တစ်)

선물로 무엇을 줄 계획인가요? (인삼 / 김 / 화장품)

▶ _____

(3) ဘာလက်ဆောင် ပေးဖို့ ဆုံးဖြတ်ထားလဲ။ (ကော့စမက်တစ်၊ လက်ဆောင်)

어떤 선물로 결정했나요? (화장품 / 선물)

▶ _____

(4) ဦးအောင်ရွှေရဲ့ အကြံဉာဏ်ကို မစ္စတာလီက လက်ခံလား။(လက်ခံ၊ ဟုတ်ကဲ့၊ အကြံဉာဏ်)

우아웅쉐의 아이디어를 미스터 리가 받아들였나요? (받아들이다 / 네 / 아이디어)

▶ _____

NOTE

အခန်း ၁၅

ကျွန်တော်တို့ ကုမ္ပဏီ ရေရှည် တည်တံ့အောင် ကြိုးစားကြပါစို့။

앞으로 열심히 해봅시다 (미래의 사업)

▶ 사진설명

미얀마 모래(sand)알 하나 하나로 만든 그림(Picture)입니다.
문화의 도시 바간(Bagan)에 가면 파고다(탑) 앞에서
그림 그리는 모습을 구경할 수가 있습니다.

လီမင်းဟို	အားလုံးပဲ မင်္ဂလာ နံနက်ခင်းပါ။ ကျွန်တော်တို့ရုံး ၉နာရီခွဲမှာ လစဉ် အစည်းအဝေးလေး လုပ်လိုက်ကြရအောင်။
အတွင်းရေးမှူး	မစ္စတာလီ ။ အစည်းအဝေးခန်းမမှာ လိုအပ်တဲ့ ဒေတာ အချက် အလက်တွေ ပြင်ဆင်ထားပါတယ်။ သောက်စရာက ကော်ဖီလား၊ လက်ဘက်ရည်လားရှင်။
လီမင်းဟို	ကျေးဇူးပဲဗျာ။ ဘလက်ကော်ဖီပဲ ပေးပါဗျာ။
	<လစဉ် အစည်းအဝေးခန်းမထဲတွင်>
ဝန်ထမ်းများ	မင်္ဂလာပါ။ မစ္စတာလီ။ နောက်တစ်ပတ်ဆို မြန်မာ နှစ်သစ်ကူး ဖြစ်ပါတယ်။ နှစ်သစ်မှာ ဆရာ ရွှင်လန်းချမ်းမြေ့ပါစေလို့ ကျွန်တော်တို့ ဝန်ထမ်းများက ဆုမွန်ကောင်း တောင်းလိုက်ပါတယ်။
လီမင်းဟို	ကျေးဇူးပါ။ ကဲ အားလုံးပဲ ကိုယ့်နေရာမှာကိုယ် ထိုင်ပေးကြပါဗျာ။ နောက်တစ်ပတ်ဆို မြန်မာနှစ်သစ်ကူး အတာသင်္ကြန်ဖြစ်တဲ့ အတွက် အစိုးရ ရုံးပိတ်ရက် ဖြစ်ပါတယ်။ အဲ့ဒီတော့ ကျွန်တော်လည်း သင်္ကြန်ပိတ်ရက်မှာ ကိုရီးယားပြန်မယ်။ ဝန်ထမ်းများအားလုံးလဲ ကိုယ့် အိမ်မြေကို ပြန်ပြီး အေးအေးဆေးဆေး အနားယူကြပါဗျာ။
ဝန်ထမ်းများ	ဟုတ်ကွဲပါ။ ဒါက ကျွန်တော်တို့ရဲ့ နှစ်သစ်ကူး လက်ဆောင်လေး ဖြစ်ပါတယ်။ တန်ဖိုးကြီး မဟုတ်ပေမယ့် ဆရာ ကိုရီးယား ပြန်သွားတဲ့အခါ ညွှန့်ခန်းမှာ အလှဆင်နိုင်တဲ့ မြန်မ့ လက်မှု အနုပညာလက်ရာ လေးပါ။
လီမင်းဟို	ဟုတ်ကွဲခင်ဗျာ။ ကဲ၊ ကျွန်တော်တို့ အားလုံး သင်္ကြန်အချိန်မှာ အနားယူပြီး နှစ်သစ်ကနေ စလို့ ကျွန်တော်တို့ ကုမ္ပဏီ ရေရှည် တည်တံ့အောင် ကြိုးကြိုးစားစား လုပ်ကြပါစို့။
ဝန်ထမ်းများ	(ဖြောင်းဖြောင်းဖြောင်း) နှစ်သစ်မှာ ပျော်ရွှင်ပါစေ။ နှစ်သစ်မှာ ပျော် ရွှင်ပါစေ။

ရေရှည် ★ 장기적	အစည်းအဝေး စတင်သည် ▲ 회의를 시작하다
အစည်းအဝေး ★ 회의	အစည်းအဝေး ပြီးဆုံးသည် ▲ 회의가 끝나다
အစည်းအဝေးခန်းမ ★ 회의실	အစည်းအဝေး ခဏ နားသည် ▲ 회의를 잠시 멈추다
နောက်တစ်ပတ် ★ 다음 주	ထိုင်သည် ▲ 앉다
နှစ်သစ်ကူး ★ 새해	အိမ်မြေသို့ ပြန်သည် ▲ 고향으로 가다
ဆုမွန် ★ 기도	တန်ဖိုးနည်းသည် ▲ 싸다
အတာသင်္ကြန် ★ 새해 축제(띤잔축제)	ဖြောင်းဖြောင်း ◆ 짝짝짝(박수소리)
ပိတ်ရက်ရှည် ★ 장기 휴가	နှစ်သစ်မှာ ပျော်ရွှင်ပါစေ ♣ 새해 복 많이 받으세요
အိမ်မြေ ★ 모국	ရှင်လန်းချမ်းမြေ့ပါစေ ♣ 평화롭기를 빕니다
ဇာတိ(မွေးရပ်မြေ) ★ 고향	ကျန်းမာချမ်းသာပါစေ ♣ 건강하고 평화롭기를 빕니다
လက်ဆောင် ★ 선물	ဆုမွန်ကောင်း တောင်းလိုက်ပါတယ် ♣ 간절히 소원을 빕니다
ဧည့်ခန်း ★ 거실	

문법과 활용 သဒ္ဒါနှင့် အသုံးများ

① [ဖြောင်းဖြောင်း] – [짝 짝 – 박수]

[ဖြောင်းဖြောင်း]는 손뼉을 자꾸 치는 소리 또는 모양을 뜻한다. 여기서 미얀마어의 의성어에 대한 몇 가지를 알아보도록 하겠다.

၀ုတ်၀ုတ် 멍멍 (개 짖는 소리)	တခေါ်ခေါ် (드르렁) 코 고는 소리
ညောင်ညောင် 야옹야옹 (고양이 우는 소리)	ခစ်ခစ်ခစ် (킥킥) 웃음소리
ဗဲ...ဗဲ (음메) 염소 우는 소리	ဟားဟား(ဟီးဟီး) (하하) 웃음소리
အောက်အီးအီးအွတ် (꼬끼오) 닭 우는 소리	ဟင့်ဟင့် (엉엉) 우는 소리
၀ီ...၀ီ (붕붕 / 웅웅)모기나 파리가 날아갈 때 나는 소리	ကျွတ်ကျွတ် (쯧쯧) 연민을 느낄 때 하는 소리
တဖျောက်ဖျောက် (주룩주룩) 비 내리는 소리	ဒိုင်းဒိုင်း (탕탕) 총 소리
၀ွမ်း (쿵/풍덩) 물건이 떨어지는 소리	တောက် (툴툴) 화나서 나온 소리

(1) တဖြောင်းဖြောင်း လက်ခုပ်တီး အားပေးခဲ့တယ်။ 짝짝 박수를 치며 응원했어요.

(2) ဟိုဘက်အိမ်က ခွေးက တဝုတ်ဝုတ်နဲ့ အစာ တောင်းနေတယ်။
 옆집 강아지가 멍멍 소리내며 밥 달라고 한다.

(3) ဒိုင်းဆိုတဲ့ သေနတ်သံ ကြားလိုက်တယ်။ 탕탕 총소리가 들렸다.

(4) တခေါခေါနဲ့ အိပ်နေတယ်။ 드르렁 코를 골면서 잠든다.

연습하기 လေ့ကျင့်ခန်း

A 다음 질문에 미얀마어로 대답해 보세요.

(1) လစဉ် အစည်းအဝေးကို ဘယ်နစ် နာရီမှာ စတင်မှာလဲ။
 (မနက် ကိုးနာရီခွဲ၊ စတင်၊ အစည်းအဝေး)

매월 회의를 몇 시에 시작할 건가요? (오전 9시반 / 시작하다 / 회의)

▶

(2) မြန်မာ နှစ်သစ်ကူးက ဘယ်တော့လဲ။ (နောက်တစ်ပတ်၊ နှစ်သစ်ကူး၊ သင်္ကြန်ပွဲ)

미얀마 설날은 언제예요? (다음 주 / 새해 / 물축제)

▶

(3) ဝန်ထမ်းတွေက မစ္စတာလီကို ဘာလက်ဆောင် ပေးခဲ့လဲ။ (မြန်မာလက်မှု၊ လက်ဆောင်)

모든 직원들이 미스터 리에게 무슨 선물을 드렸나요? (미얀마 공예물 / 선물)

▶

(4) နှစ်သစ်မှာ ဘယ်လို ဆုတောင်းလဲ ။ (နှစ်သစ် ၊ ဆုတောင်း)

새해에 어떻게 축원합니까? (새해, 기원)

▶

미얀마어 중급
부 록

မင်္ဂလာပါ
မြန်မာစကား

본문해석
생활편

1강) 미미 씨, 저 다음 주에 미얀마에 갑니다 (정보 알리기)

이민호 여보세요, 미미 씨, 전 다음 주에 미얀마에 갑니다.

미   미 미스터 리, 잘 지내시죠? 정말 돌아가실 건가요?

이민호 네, 정말 돌아갈 겁니다.

미   미 작년에 미스터 리가 살았던 아파트를 다시 임대할 건가요?

이민호 아니요. 이번에 전 시내 쪽 (찌민따잉-동네 이름) 동네에 살아볼까 해요.

미   미 좋지요. 깐나 로드(Kannar Road)와 가까우니 (교통편) 참 좋지요.

이민호 전 양곤에 도착한 후에 임대할 집을 둘러볼 거예요.

미   미 네, 제가 알아봐 놓을게요.

2강) 아파트를 임대하고 싶어요 (알아보기)

미   미 제가 미리 연락한 부동산 사장님 도찌입니다.

도찌(Daw Kyi) 안녕하세요? 미스터 리, 미미 씨한테서 말씀 많이 들었습니다.
어떤 종류의 집을 보고 싶으세요? 주택인가요 아파트인가요?

이   민   호 네, 아파트예요. 2년 계약으로 방이 세 개 있는 아파트를 보고 싶습니다.

도찌(Daw Kyi) 좋아요. 우리 사무실에서 두 블록만 가면 빈 아파트가 있습니다.
지금 바로 가시지요?

이   민   호 이 아파트예요? 좋아요. 2년 계약을 맺고 싶습니다.
월세가 얼마인가요? 그리고 계약은 미얀마 친구 명의로 할 거예요.

도찌(Daw Kyi) 미얀마 친구 명의로 계약을 맺을 수 있습니다.
월세는 좀 전에 제가 말씀드린 그대로입니다.

이   민   호 조금 깎아주시지요? 전 2년이나 계약할 건데요?

도찌(Daw Kyi) 그래요. 조금 깎아드릴게요.

3강) 다곤쇼핑센터에 잠깐 가야겠어요 (쇼핑하기)

이민호 집도 구했으니 가구나 기타 물품들을 사러 다곤센터에 가야겠어요.

미   미 시티마트에 가서 쇼핑하면 비싸지 않을까요? 가구를 사고 싶으면
수이티홈(Sweet Home)이 집까지 와서 설치해 줍니다.
생활용품은 떼인찌 시장에 가서 사시지요?

이민호 일반 재래시장은 가격을 엄청 많이 깎아야 돼요. 미미 씨가 동행하실 건가요?

미 미 동행해야겠죠?

이민호 언제쯤 갈까요?

미 미 제가 출근하지 않는 토요일은요?

이민호 저도 좋아요.

미 미 그럼 이번 주 토요일에 갑시다.

4강) 집에 에어컨을 설치할까 고민 중이에요 (가전 제품)

미 미 새집이라서 그런지 모르겠지만, 미스터 리 집이 너무 덥네요?

이민호 맞아요. 저도 에어컨을 집 전체에 설치할까 생각 중이에요.

미 미 집 전체에 다 설치하려면 비용이 꽤 들겠는데요?

이민호 괜찮습니다. 우리 온 가족을 위해 설치해 줘야지요.

미 미 내일 에어컨을 설치하기 위해 에어컨 회사에 전화해봐야겠어요.

이민호 전 다른 한인 친구 집에 연락해볼게요. 요즘 에어컨 설치비가 얼마인지 알 수 있겠죠?

미 미 그래요. 알아보세요.

이민호 제 친구가 전화를 안 받네요.

5강) 미얀마 음식을 만들어볼까요? (요리)

신보라 미미 씨, 우리 집들이 때 미얀마 전통 음식으로 대접할까 해요.

미 미 좋지요. 로마에 가면 로마법을 따르라는 말처럼 미얀마에 있으니 미얀마식으로 요리해서
       대접해야죠.

신보라 하하하. 근데 저는 미얀마 요리 방법을 모르거든요. 가르쳐 줄 수 있나요?

미 미 그럼, 버터밥하고 닭고기 반찬 요리법을 가르쳐드릴게요.

신보라 그래요. 내일 닭고기, 미얀마쌀, 버터 사놓을게요.

****

미 미 닭고기 요리 방법에 대해 알려드릴게요.

       1) 닭고기를 치킨 가루(chicken powder)와 소금을 넣고 준비해 주세요.

       2) 프라이팬에 기름을 넣고 기름이 조금 달궈지면 생강, 마늘, 양파 다진 것을 넣고
          양념을 해야 합니다.

       3) 양념해 놓은 닭고기 믹스를 2분 정도 약불에 볶아주세요.
          그리고 물을 넣고 고기가 부드러울 때까지 끓여주세요.

신보라 미얀마 요리 방법은 그렇게 어렵지 않네요.

미 미 직접 해보시지요. 한번 해보면 다음에 요리할 때 쉽게 할 수 있겠죠?

6강) 민속촌에 가본 적이 있나요? (문화 체험하기)

이 민 호 미미 씨, 전 작년에 민속촌에 딱 한 번 가봤어요.
　　　　　이번에 제 가족과 함께 제대로 둘러보고 싶어요.
미　　미 좋아요. 지금 시간 있는데요. 가시지요.

　　　　　〈민속촌 도착한 후〉
미　　미 민속촌 입구에 들어가자마자 입구 옆 타워에 올라갑시다.
　　　　　양곤 도시 전체를 다 볼 수 있어요. 경치도 좋잖아요?
미　　미 저기 보이는 것은 샨주에 있는 인레호수 모형을 그대로 만들어놓은 겁니다.
이 민 호 아… 그래요? 좀 이따가 저 샨주 전통 의복이랑 까친 전통복 입어보고 싶어요.
미　　미 여기 구경 끝나면 거기로 가시지요.
이 민 호 민속촌이니까 미얀마의 행정지역 주(7)개, 도(7)개를 동시에 볼 수 있으니 미얀마 전국
　　　　　투어할 필요 없네요?
미　　미 일석이조지요? 하하하

7강) 최신 상영작이 뭐예요? (영화 드라마)

이 민 호 안녕하세요? 요즘 상영작 중에 어느 영화가 제일 인기가 많나요?
영화관 직원 '아모옹'이라는 영화가 제일 인기가 많아요.
이 민 호 이 영화의 주인공은 누구인가요?
영화관 직원 Wut Mhone Shwe Yi, Thet Mon Myint, Aung Ye Lin가 나옵니다.
이 민 호 그럼 이 영화 볼게요. 표 세 장 주세요.
영화관 직원 모니터를 보세요. 여기는 스크린입니다. 파란색은 빈 자리입니다.
이 민 호 중간에 F 라인 5,6,7 좌석 주세요.
영화관 직원 7500짯(Kyat)입니다.

8강) 통장을 개설해 주세요 (은행 이용하기)

은 행 직 원 안녕하세요? 어서 오십시오. 무슨 일로 오셨습니까?
이 민 호 통장을 개설하러 왔습니다.
은 행 직 원 통장 개설이라면 A 카운터 쪽으로 오십시오. 번호표 뽑고 기다려주세요.
은 행 직 원 통장 개설하고 싶은 거죠? 여권, 양곤 주소지하고 성함 적어주세요.
이 민 호 네, 영어로 작성할게요.
은 행 직 원 편한 대로 적으세요. 은행에 처음 방문하신 거죠?
이 민 호 네, 아… 참 이 은행에서 한국으로 바로 송금 가능할까요?
은 행 직 원 네, 됩니다.

9강) 다음 주에 외국인 등록증 신청하러 갈 거예요 (신고하기)

〈출입국 관리 & 인구부 현관문 앞〉

이 민 호   안녕하세요? 전 미얀마에서 장기 체류할 거라 외국인 신분증을 신청하러 왔습니다.

출입국 직원   필요한 서류 다 가져 왔습니까?

이 민 호   네, 여기 있습니다.

출입국 직원   회사추천서, 여권, 사진, 체류 연장 허가서 들어갑니다. 본인 확인서 서류 가지고 오지 않
　　　　　　았어요? 저 앞 책상에 신청 서류 다 있습니다. 서류 채워서 다시 오세요.

이 민 호   서류 다 채워 왔습니다.

출입국 직원   잠시만 기다려주세요. 외국인 신분증 신청비 9$ 듭니다.

이 민 호   여기, 10$입니다.

출입국 직원   1$ 남네요. 달러가 없으니 미얀마 돈 천 짯(Kyat) 가져가세요.

10강) 미얀마 롱찌가 좋겠어요 (의류 관련)

이 민 호   미미 씨, 띤짠(물축제/미얀마 설날)이 가까워서 그런지 모르겠지만 양곤 날씨가 매우 뜨겁군요.

미 　 미   4월이면 더 더워요. 띤짠 끝나고 5월에는 우기가 시작하잖아요?
　　　　　후덥지근하고 찜질방에 가 있는 느낌이에요.

이 민 호   맞아요. 저도 늘 바지만 입으니 미얀마 빠소(미얀마식 남성용 통치마) 입기가 좀 겁이 나네요?
　　　　　처음이니까 자주 떨어질까 봐 불안해서요.

미 　 미   하하하. 무서워하지 마세요. 습관이 되면 편해질 겁니다.

이 민 호   그렇긴 하네요.
　　　　　로마에 가면 로마법을 배우라는 말대로 저도 다음부터는 미얀마 빠소만 입을게요.

미 　 미   너무 좋지요. 계속 입기를 응원합니다.

이 민 호   사실은 미얀마 날씨로 봤을 때 빠소, 타미(롱찌)가 적합한 의류입니다. 기후와 어울릴 수 있게
　　　　　아주 예부터 만들어서 입어왔지요.

미 　 미   미스터 리는 저보다 많이 알고 있네요? 기후에 맞게 옷을 입으면 편안하겠지요?

11강) 날씨가 너무 더워서 식욕이 없어요 (권유하기)

이 민 호   전 회사 일 때문인지 아니면 날씨가 더운 탓인지 모르겠으나 요즘 식욕이 없네요.

미 　 미   미얀마말로 '칸뛴빴데'라고 합니다.

이 민 호   네, 그 단어 궁금했거든요.

미 　 미   '칸뛴빴데' 식욕이 없을 때 주의할 점과 챙겨야 할 점 얘기해줄까요?

이 민 호   좋지요.

미 　 미   얼마 전에 건강 관련 잡지에 나온 기사를 봤거든요.
　　　　　– 보통 본인이 좋아한 음식을 조금씩 자주 먹어줘야 하고,
　　　　　　■ 비린내 나는 고기 피하기

■ 영양제 먹기
■ 요리할 때 특히 반찬 요리할 때 양념 향신료 넣고 먹어야 된다고 해요.

이민호 오늘부터 실천해볼게요.

미　미 그래요.

12강) 휴대전화 유심만 살게요 (전화 사용하기)

이민호 미미 씨, 제 아들을 위해 전화번호 하나 받을 수 있을까요?

미　미 그래요. 전화기는 한국에서 가져왔죠? 여기는 메이드 인 차이나가 많습니다.

이민호 그럼 가져왔지요. 제 아들한테 있는 전화기에다 칩만 끼우면 되는 거죠?

미　미 네, 그렇게 하면 돼요. 칩 카드는 미얀마 내에서 두 가지 종류를 대부분 사용합니다.
미얀마 전화국에서 만든 MPT & Telenor에서 만든 칩이에요.

이민호 전 두 가지 다 써 볼게요. 칩은 어디서든 살 수 있지요?

미　미 어디서든 살 수 있습니다.
아들을 위해 살 거니까 오천 짯 짜리, 만 짯 짜리만 충전해 놓으면 될 것 같아요.

이민호 네, 저도 그렇게 생각하고 있습니다.

미　미 빨리 가서 사시지요.

13강) 양곤외대 미얀마어과에 등록하고 싶어요 (입학)

이민호 미미 씨, 여기 보세요. 양곤외국어대학교에서 개최하는 미얀마어 연수를 외국인 전용으로
한다는 기사가 났네요.

미　미 나쁘지 않네요. 저녁 시간이니까 시간도 절약할 수 있고요.

이민호 그렇네요. 저도 회사 다니는 시간이 촉박하지 않겠네요.

미　미 작년에 제가 가르쳐줬지만 외대 가서 정식으로 배운다면 (문법)통사적인 부분도 정확히 알
수 있고 다른 학우들도 생길 수 있지요.

이민호 네, 혼자서 배우는 것보다 많은 이들과 배우면 좋지 않을까 해서요.

미　미 좋아요. 신문에 연락처가 있으니 연락해보세요.

이민호 제 한국 선배님들에게 먼저 알아볼게요.

미　미 네, (연락해 보면) 준비해야 할 부분이 있다면 준비할 수 있지요.

14강) 집들이 초대장 보냈는데 받았나요? (가정, 생활용품)

이민호 여보세요. 미미 씨, 잠깐 통화 가능할까요?

미 미 네, 말씀하세요.

이민호 제가 지난주에 집들이 초대장 보냈어요. 잘 받으셨는지요?

미 미 아… 그렇네요. 저녁 퇴근 후 얘기할 참이었어요. 집들이 때 꼭 가겠습니다.

제 친구 킨띠다도 같이 가도 되죠?

이민호 그런 얘기할 사이인가요? 많이 데려오세요.

할 수 있는 만큼 한국 음식을 많이 준비해 놓을게요.

미 미 고맙습니다. 미얀마에서는 집들이 갈 때 선물을 가져가지 않습니다.

한국에서는 집들이 갈 때 가루비누, 휴지와 다른 물건들을 가져간다면서요?

이민호 한국에서의 집들이는 말씀하신 대로 합니다.

지금은 미얀마에서 집들이할 거니까 그냥 오세요. 저희가 대접할게요.

미 미 하하하. 그래요. 집들이 때 뵙겠습니다.

15강) ILBC의 등록금은 얼마인가요? (자녀 교육)

미 미 미스터 리 아드님 국제학교 등록한다는 건 하셨나요?

이민호 알아보고 있어요. 여기 저보다 먼저 정착해서 사신 선배님들 계시잖아요?

그들의 말에 의하면 MISY를 더 추천해 주더군요.

미 미 그래요? 미얀마 내에서는 국제학교 중에 ILBC, Horizon, MISY가 제일 비싸지요.

괜찮겠어요?

이민호 아무래도 선배님들의 자녀들이 거기에 다니고 있으니

제 아들을 생각하면 더 좋지 않을까 해서요.

미 미 가격이 매우 비쌉니다.

좀 전에 제가 말씀드린 국제학교 3개 다 학생 한 명당 연간 300만 원 정도 들어요.

이민호 제가 노력해서 돈을 벌어야지요.

미 미 요즘 시대는 아이 한 명 학교 보내기가 쉽지 않아요.

이민호 하하하. 맞아요. 미미 씨, 혼자 사세요. 결혼하지 마세요.

본문해석
비즈니스편

1강) 회의실에서 기다려주세요 (안내하기)

이 민 호 좋은 아침입니다. 어제 전화상으로 장관님과 미팅을 요청한 미스터 이라고 합니다.
흘라흘라(비서) 네, 맞습니다. 출근 시간이 오전 9시이니 조금 이르네요.
이 민 호 네, 전 일부러 일찍 왔습니다.
흘라흘라(비서) 그래요. 그럼 장관님 오시기 전에 회의실에서 기다려주시겠어요?
이 민 호 현관문 바로 옆방이지요?
흘라흘라(비서) 네, 커피 갖다 드릴게요.
이 민 호 제 통역 담당자를 위해서도 부탁드릴게요.
흘라흘라(비서) 네, 커피 두 잔 갖다 드리겠습니다.

2강) 외국 손님이 왔습니다 (알리기)

흘라흘라(비서) 장관님. 바깥에 한국 손님이 기다리고 있습니다.
장 관 님 그래요? 오래 기다렸나요? 지금 출근 시간은 오전 9시인데요?
흘라흘라(비서) 네, 늦을까 봐 걱정해서 그런 가봐요. 오전 8시 반에 도착했네요.
장 관 님 좋아요. 제 방으로 모시고 오세요.
흘라흘라(비서) 미스터 리, 장관님 방으로 오십시오.
장 관 님 안녕하세요? 전 상무부 장관 우아웅입니다.
이 민 호 네, 전 통역원하고 같이 왔습니다.
장 관 님 좋아요. 흘라흘라 씨. 통역원 방으로 데리고 오세요.

3강) 이메일을 보냈어요 (연락하기)

이 민 호 안녕하세요? 제 이름은 이민호라고 합니다. 한국 사람입니다.
우아웅쉐 네, 만나서 반갑습니다. 무슨 일로 오셨습니까?
이 민 호 여기 오기 전에 미스터 아웅의 비서한테 메일을 보내드렸습니다.
우아웅쉐 어~그래요?
　　　　　 전 요즘 외국 연수(여행)를 연이어 가다 보니 메일 내용을 제대로 확인하지 못했네요.
이 민 호 저도 답장이 없어서 여기로 바로 왔습니다.
우아웅쉐 정말 죄송하게 되었습니다. 다음에 메일이 오면 바로 답장을 할게요.
이 민 호 네.
우아웅쉐 그럼, 저희 미팅 시작하시지요.

4강) 직원 구합니다 (구인)

이민호 미미 씨, 지난 주 회사 직원 구직 공고를 신문에 낸 거 기억하시죠?

미 미 그럼, 기억하죠. 구직 제출 서류 검토했나요?

이민호 네, 오늘 인터뷰를 5명 보기로 했습니다.

미 미 5명이나요? 어느 부서 직원으로 채용하려고요?

이민호 마케팅 한 명, 판매 2명, 통역 한 명 그리고 저를 위한 운전기사 한 명 총 5명입니다.

미 미 인터뷰를 하기 위해 심사위원은 마련했나요?

이민호 저하고 제 선배인 한국인 형이 있어요. 미얀마 사람도 있으면 좋을 텐데.

미 미 저도 있는데요. 도와드릴게요.

5강) 한국에서 이메일로 연락드렸습니다 (비즈니스 이메일)

▼ 실제 미얀마 내 공식적으로 편지를 쓸 때나 메일을 보낼 때 아래와 같은 형식으로 함.

쉐 회사 MD에게

Asianhub Co Ltd
16, Sillim-ro 23-gil, Gwanak-gu, Seoul, Korea
Ph: +82 70 8676 3028/Fax: 070 4325 8392
Date: 08.04.2016

내용:
Asianhub 회사 숙련기능자 훈련 학교 설립 상생협력 협조 요청

아시안허브 회사는 한국에서 중소기업에 취직하고자 하는 사람들을 위해 직업훈련 기관을 운영하고 있습니다. 우리 회사에서 주로 운영하는 부분은 용접, 전기, 전자분야, 정보통신 분야 등이 있습니다. 우리 회사에서 일하는 숙련 기능 기술자 및 교사들은 한국에서 전문가로 인정받은 사람들이며 교사 자격증을 가지고 있는 사람들입니다. 직업훈련과 관련된 교육과정(커리큘럼)개발, 직업훈련에 대한 전문적인 통번역 가능한 통역원과 함께 방문하고자 합니다.

우리 회사와 쉐 회사가 협력을 통해 미얀마의 산업 개발에 상생해나갈 수 있도록 협조해 주시기 바라며 다음 달 5월 5일에 미얀마에 방문할 예정이니 그때 MD 님과 면담을 하고 싶습니다. 이상입니다.

아시안허브 회사 MD 미스터 이민호
8.4.2016(April)

6강) 우리 회사를 소개하고 싶습니다 (비즈니스 프레젠테이션)

이 민 호 안녕하세요? 지금부터 우리 회사에 대한 발표를 시작하겠습니다.

우아웅쉐 네, 좋아요.

이 민 호 오늘 말씀드릴 내용은 세 가지입니다.

(1) 회사 (2) 상품 (3) 해외 무역에 대해서입니다.

이 민 호 첫째, 우리 회사는 개발도상국 나라로 농기구 물품을 수출하는 회사입니다.

이 민 호 둘째, 우리가 수출·판매하는 물품은 농기구와 기타 사업장용 물품들입니다.

이 민 호 셋째, 해외 무역 관계를 보면 아시아 국가 중 베트남에 집중적으로 수출하고 있습니다.

우아웅쉐 네, 회사 그리고 물품 카탈로그를 제 메일로 보내주실 수 있겠습니까?

이 민 호 그럼요. 제가 회사에 도착하는 동시에(즉시)에 보내드릴게요.

7강) 미얀마 내 회사 조직도 및 직위를 알아봅시다 (직장 호칭)

이 민 호 우아웅쉐, 전 직장 내에서 사용하는 직위 호칭에 대해서 잘 알지 못하고 낯설어요.

우아웅쉐 그래요. 제가 아는 것을 설명해드릴게요.

우아웅쉐 이 그림을 보십시오. 이 그림은 미얀마 내에서 제일 유명한 은행 조직도와 직원들의
구성을 한꺼번에 볼 수 있는 그림입니다.

이 민 호 어떤 호칭은 거의 비슷비슷하네요?

우아웅쉐 너무 헷갈리거나 정확하게 구별하지 못할 때 영어로 불러도 돼요.
예를 들면 '아흐문사웅'라는 단어보다 'MD'라고 불러도 돼요.

이 민 호 그렇게 해도 되는군요. 제가 노력해서 직위 호칭에 익숙해지도록 해 볼게요.

우아웅쉐 그래요. 모르는 것 있으면 언제든 물어보세요.

이 민 호 감사합니다.

8강) 우리 회사 제품 보시겠어요? (제품 설명하기)

이민호 미미 씨, 다음 주에 우리 회사 제품을 전시회 나가서 홍보하려고요.

미   미 이번에 주로 전시할 물품은 농기구겠죠?

이민호 맞아요. 지금 제가 미미 씨가 이해할 수 있도록 이 기구들의 기능을 설명해드릴게요.
첫 번째 기계는 '경운기'입니다.

> 제품 관련된 자세한 설명 :
>
> 기계명 = 경운기 본체
> 기능 = 쟁기작업, 쇄토작업
> 마력 = 10마력
> 가격 = 2,500,000 Kyats

미　　미　요즘 농기구 물품들의 판매가 좋아지고 있다고 들었어요. 인도 제품이 꽤 좋다고들 해요.
　　　　　한국 제품은 좀 비싼 편이라고 하네요.
이민호　저도 한국 제품이 좀 비싼 것을 압니다. 물품에 대한 안전도가 뛰어나잖아요?
　　　　　사용해본 적이 있는 농업 관계자들이 다 아실 겁니다.
미　　미　그래요. 다른 농기구들도 제품 사용 설명서를 다 준비해 놓으세요.
이민호　네, 번역 직원들에게 준비하라고 지시했어요.
미　　미　그래요. 전시회 때 만나요 .

9강) 미얀마에서 우리 회사를 홍보하고 싶습니다 (광고)

이민호　쵸쵸 씨, 우리 회사를 신문과 인터넷에서 동시에 홍보하고 싶어요.
직　　원　네, 좋아요.
　　　　　미스터 리께서 원하신 대로 디자인과 회사 관련된 정보를 먼저 작성해줄 수 있나요?
이민호　그 생각이 나쁘지 않네요. 제 회사니까 제가 먼저 하지요.
직　　원　네, 대강의 내용이 나오면 제가 번역해 드릴게요.
이민호　제가 디자인한 것 메일로 보냈어요.
직　　원　네, 받았어요. 지금 번역하고 있습니다. 거의 끝났어요.
직　　원　여기 됐어요. 보십시오.
　　　　　〈번역한 것 보여 주면서〉
이민호　좋아요. 마음에 들어요.

10강) 미얀마 바이어하고 미팅 날짜가 언제인가요? (대인관계)

이민호　오늘 제가 진행해야 할 미팅이 몇 개 있나요?
　　　　　미팅 없으면 골프연합회에서 만찬 약속이 있어요. 일찍 가려고요.
직　　원　미스터 리, 오늘 미얀마 바이어하고 오후 2시에 미팅 있습니다.
이민호　그래요? 지난 번 우리 제품에 관심을 보였던 사업가예요?
직　　원　네, 맞아요.
　　　　　엊그제 우리 회사 제품 사용 설명서를 더 달라고 해서 제가 메일로 또 보내드렸어요.
이민호　그렇군요. 꽤 관심이 있나 보네요.
　　　　　오늘 미팅 전 몇 가지 질문사항에 대한 자료를 미리 준비해두면 좋겠네요.
　　　　　자~! 쵸쵸 씨, 전 블랙커피 한 잔 부탁할게요.
직　　원　커피콩이 떨어졌어요. 오늘 점심 때 가서 살까 해요.
이민호　그럼, 커피믹스만 주세요.
직　　원　커피믹스도 없어요. 그냥 차만 있습니다.

11강) 미얀마 시장을 조사하려면 어떻게 해야 해요? (시장조사)

이민호 미미 씨, 우리 회사 마케팅을 할까요. 미미 씨가 경험이 많잖아요.
　　　　그분만 아니라 외국 회사에서도 근무한 경험이 많잖습니까?

미　미 외국 회사에서의 경험을 토대로 말씀드릴게요.

이민호 네, 저도 한국에서 취직했을 때의 경험이 있습니다.
　　　　제가 취직한 사회는 한국이니까 한국 사회에 맞게 마케팅을 했어요.
　　　　여기는 미얀마니까 미얀마식대로 해보고 싶고 그래서 도움을 요청한 거예요.

미　미 괜찮습니다. 마케팅하기 전에 물품에 대한 설명이 필요해요. 시장 조사 및 분석이 되어야
　　　　합니다. 어느 시장을 목표로 진출할 건지, 진출하게 되면 어떻게 판매율을 올릴 것인지 생
　　　　각해야 되고요. 물품을 주로 어떤 고객 중심으로 판매할 건지 기타 등등이 있습니다.

이민호 제가 한국에서 취직했을 때 했던 거랑 거의 똑같네요.

미　미 아... 미스터 리! 이 마케팅은 어디서든 사용 방식이나 실용성이 똑같지요.

이민호 그렇긴 하네요. 고맙습니다. 제가 미얀마에 있는 동안 미미 씨 같은 친구하고 알고 지낸다
　　　　는 것은 정말로 복이 터진 겁니다.

미　미 하하하. 고맙다면 한턱 내세요. 하하하. 농담이에요.

12강) 업무 스트레스를 해소해야겠어요 (결근 사유서)

이 민 호 우아웅쉐, 저는 작년에 직원으로 일했기 때문에 쉬는 날에 그냥 쉬었어요.
　　　　　가족과 함께 시간 보내고 휴일에 장기간 여행도 가니 참으로 좋았거든요.

우아웅쉐 그럼 올해는 작년만큼은 아니라는 말씀인가요?

이 민 호 그럼요. 회사 그만두고 자영업을 시작했어요.
　　　　　배울 거나, 회사 내 직원 운영부터 다른 일까지 신경 써야 하니 너무 힘듭니다.

우아웅쉐 정신적으로 힘들면 풀어야 합니다.

이 민 호 방법이 있으면 좀 가르쳐 주세요. 저는 늘 골프 치고 여행은 가거든요.

우아웅쉐 그럼, 이렇게 해 보시죠. 회사 주인이지만 휴가를 받고요.
　　　　　MD에게 다 맡기고 명상 수행 센터에 가서 정신적인 피로를 풀어보는 게 어떠세요?

이 민 호 전 기독교 신자거든요.

우아웅쉐 명상 수행 센터에 가서 정신적으로 치료 받는 것은 종교에 구애받지 않습니다.
　　　　　누구나 가능합니다. 센터에 가서 신청하고, 4~5일 정도 치료받으면 마음의 피로가 싹 풀
　　　　　리고 좋은 아이디어도 나올 겁니다.

13강) 식사를 대접하고 싶습니다 (비즈니스 회식)

이민호 여보세요. 우딴툰 씨인가요? 전 엊그제 미팅했던 이민호입니다.

우딴툰 여보세요. 말씀하세요.

이민호 네, 저희 미팅 잘 마친 것을 기념으로 이번 주 금요일 저녁 식사를 대접하고 싶어요.

우 딴 툰 고맙습니다. 미스터 리께서 편하신 대로 하시지요. 전 이번 주 금요일 저녁 시간 가능합니다.
이 민 호 (협조해줘서) 고맙습니다. 그럼 제가 알아서 계획해볼게요.
이 민 호 (직원에게) 여기요. 저 이번 주 금요일에 저녁 식사를 하고 싶거든요.
　　　　 직원분께서 알아서 양곤 시내 사업가끼리 편안하게 만날 수 있는 장소를 알아봐주세요.
직　 　원 네, 편안하게 만날 수 있는 술래 호텔의 한식 전문점으로 예약해 놓을게요.
이 민 호 오케이.

14강) 미얀마 비즈니스 바이어에게 어떤 선물을 하면 좋을까요? (관계)

이 민 호 우아웅쉐, 저 이번 주 금요일에 사업가끼리 저녁 식사가 있습니다.
　　　　 한국 기념품을 선물로 드리고 싶어요.
우아웅쉐 어떤 선물을 주려고 생각하고 있나요?
이 민 호 한국 기념품 선물로 뭘 주면 좋을지 생각하고 있어요.
　　　　 한국 인삼, 김, 한국 화장품이 있습니다.
우아웅쉐 한국 인삼이 좋겠네요.?
이 민 호 사실 인삼은 열이 많거든요. 미얀마 날씨가 지금 4월에도 36도가 넘어요.
우아웅쉐 그럼 김과 화장품은 나쁘지 않겠네요.
이 민 호 고맙습니다. 제 직원도 그렇게 조언을 해줬어요.
우아웅쉐 즐거운 저녁 시간 보내세요.

15강) 앞으로 열심히 해봅시다 (미래의 사업)

이 민 호 안녕하세요? 우리 9시 반에 매월 회의를 하지요.
비　 　서 미스터 리, 회의 때 필요한 자료를 준비해놨습니다. 마실 것으로 커피 아니면 차 드릴까요?
이 민 호 고마워요. 블랙커피만 주세요.
　　　　 〈매월 진행하는 회의실에서〉
직 원 들 안녕하세요? 미스터 리, 다음 주면 저희 미얀마 설날입니다.
　　　　 새해에 미스터 리께서 몸과 마음이 평화롭기를 직원 모두 기원합니다.
이 민 호 고맙습니다. 자, 자리에 앉아주십시오. 다음 주 미얀마 설날 물축제라서 공휴일이잖아요?
　　　　 그래서 그때 저도 한국에 잠깐 돌아가요. 직원 여러분도 고향에 내려가 휴식을 취할 수 있
　　　　 도록 하십시오.
직 원 들 네, 이것은 우리 직원들이 다 함께 준비해 놓은 선물입니다. 비싼 것은 아니지만 한국에 돌
　　　　 아가서 거실에 장식할 수 있는 미얀마 수제품입니다.
이 민 호 네, 띤쟌(물축제) 때 쉬고 새해부터 우리 회사가 앞으로 발전하기 위해서 다 함께 노력해
　　　　 봅시다.
직 원 들 (짝 짝 짝 : 박수 소리 나오며) 새해 복 많이 받으세요. 새해 복 많이 받으세요.

연습하기 정답
생활편

1강

Ⓐ (1) စာမေးပွဲ ပြန်ဖြေပါ။

(2) ပြန်ရှင်းပြပေးပါ။

(3) ပြန်လုပ်လာပါ။

(4) ပြန် ချက်ပါ။

Ⓑ (1) ဟိုတယ်ကို ကြိုတင် ဘွတ်ကင်လုပ်ထားပါ။

(2) ရေနွေး တည်ထားပါ။

(3) ကြိုတင် ပြင်ဆင်ထားပါ။

(4) သွေးပူလှေ့ကျင့်ခန်း လုပ်ထားပါ။

2강

Ⓐ (1) 아파트 – တိုက်ခန်း

(2) 주택 – လုံးချင်းအိမ်

(3) 콘도 – ကွန်ဒို

(4) 산업단지 – စက်မှုဇုန်

(5) 토지– ခြံ၊ မြေကွက်

(6) 상가/ 오피스 – ဆိုင်ခန်း ၊ ရုံးခန်း

Ⓑ (1) ဟယ်လို၊ ရွှေ အကျိုးဆောင် ကုမ္ပဏီလား။

(2) ဘယ်လို အိမ် အမျိုးအစားကို ကြည့်ချင်လဲ။

(3) အသိသက်သေ ရှိလား။

(4) ရုံးခန်း အတွက် အခန်းလွတ် ရှိလား။

3강

Ⓐ (1) ဒါဆို ။ ဆွီးတီးဟုမ်းကို သွားပေ့ါ။

(2) မြန်မာစကားက ခက်တာပေ့ါ။

(3) ဒါဆို ခဏ နားတာပေ့ါ။

(4) ဒါပေ့ါ၊ ဈေးကြီးတာပေ့ါ။

4강

Ⓑ (1) ဆေးရုံကြီး

(2) သဘော်ကြီး

(3) အရုပ်လေး

(4) ကလေးလေး

Ⓐ (1) ကင်မရာ

(2) တက္ကစီ

(3) ကော်လိပ်

(4) အယ်ဘမ်

(5) ဆိုင်းထိုး

Ⓑ (1) ကော်ဖီ ဖျော်တယ်။

(2) ဘတ်စ်ကား စီးတယ်။

(3) ဒေါင်းလုဒ် ဆွဲတယ်။

(4) ဓာတ်ပုံ ရိုက်တယ်။

(5) ကောလိပ် တက်တယ်။

(6) အဲယားကွန်း ဖွင့်တယ်။

5강

Ⓐ (1) 1 – E

(2) 2 – D

(3) 3 – H

(4) 4 – G

(5) 5 – B

(6) 6 – C

(7) 7 – A

(8) 8 – F

B (1) လှော်
(2) ပြုတ်
(3) နွေး
(4) ကျို
(5) ခူး
(6) နွာ
(7) လှီး
(8) ကြော်

6강

A (1) ရှမ်းပြည်နယ် (Shan State)
(2) မွန်ပြည်နယ် (Mon State)
(3) ချင်းပြည်နယ် (Chin State)
(4) ရခိုင်ပြည်နယ်(Rakhine State)

B (1) ဒီ ပုတ်ထဲက ဒီပဲ။
(2) တောင်မေးမြောက်ဖြေ
(3) တစ်ချက်ခုတ် နှစ်ချက်ပြတ်
(4) အသံကြောင့် ဖားသေ

7강

A (1) အလွမ်းအဆွေးကား (비극 영화)
(2) ကာတွန်းကား (만화 영화)
(3) အက်ရှင်ကား (액션 영화)
(4) ဟာသကား (코미디 영화)

B (1) ရင်ခုန်တယ်။
(2) ရယ်ရတယ်။
(3) ကြောက်ဖို့ ကောင်းတယ်။
(4) စိတ်ဝင်စားဖို့ ကောင်းတယ်။

8강

A (1) ဘဏ်
(2) ငွေလဲလှယ်ခြင်း
(3) ငွေလွှဲပို့ခြင်း
(4) တုံကင်စက်

B (1) ဘဏ်ဝန်ထမ်း
(2) ငွေစုဘဏ် စာအုပ်
(3) အကြွေးဝယ်ကတ်
(4) ငွေလဲလှယ်မှု

9강

A

앞면	뒷면
번호 :	번호 :
날짜 :	직업 :
아버지이름 :	주소 :
민족/종교 :	싸인 :
키 :	
특징 :	

B (1) 1 – D
(2) 2 – A
(3) 3 – B
(4) 4 – C

10강

A (1) သုံးနေကျ
(2) နောက်ကျ
(3) စိုးတယ်
(4) ဆိုနေကျ

Ⓑ (1) 1 – D
(2) 2 – B
(3) 3 – F
(4) 4 – A
(5) 5 – C
(6) 6 – E

11강

Ⓐ (1) ဒါမှမဟုတ်
(2) ဒါမှမဟုတ်
(3) စားရမယ်လို့ ပြောတယ်။
(4) အိပ်လို့ ပြောတယ်။

Ⓑ (1) 1 – D
(2) 2 – B
(3) 3 – C
(4) 4 – E
(5) 5 – G
(6) 6 – A
(7) 7 – F

12강

Ⓐ (1) ဘာမဆို
(2) ဘယ်ဆိုင်မှာမဆို
(3) ဘာကိစ္စမဆို
(4) ဘယ်သူမဆို

Ⓑ (1) 1 – D
(2) 2 – A
(3) 3 – B
(4) 4 – G
(5) 5 – C
(6) 6 – E
(7) 7 – F

13강

Ⓐ (1) အပြောစွမ်းရည်
(2) အရေးစွမ်းရည်
(3) အဖတ်စွမ်းရည်
(4) အကြားစွမ်းရည်

Ⓑ (1) 1 – F
(2) 2 – D
(3) 3 – C
(4) 4 – E
(5) 5 – G
(6) 6 – B
(7) 7 – A

14강

Ⓐ (1) ဆပ်ပြာမှုန့်နှင့် တစ်ရှူးလိပ်
(2) လက်ဖွဲ့
(3) ကူငွေ
(4) အလှူငွေ

Ⓑ (1) 1 – G   (5) 5 – F
(2) 2 – C   (6) 6 – A
(3) 3 – E   (7) 7 – B
(4) 4 – D

15강

Ⓐ (1) ကုန်ဈေးနှုန်း
(2) ကျောင်းလခ
(3) မီတာခ
(4) တက္ကသီခ

Ⓑ (1) လက်ထပ်မယ်ဆိုတာ တကယ်လား။
(2) အမိမြေ ပြန်တော့မယ်ဆိုတာ တကယ်လား။
(3) သူ ဉာဏ်ကောင်းတယ်ဆိုတာ သိထားတယ်။
(4) ပြန်စ ဝို့မယ်ဆိုတာ ပို့ပြီးပြီလား။

부록 II

연습하기 정답
비즈니스편

1강

(1) မစ္စတာ လီမင်းဟိုက ဝန်ကြီးကို လာတွေ့ပါတယ်။
이민호 씨가 장관님을 만나러 왔어요.

(2) မစ္စတာလီ နဲ့ အတူတူ လာတဲ့ သူက စကားပြန်ပါ။
미스터 리와 함께 온 사람은 통역원입니다.

(3) ဟုတ်ကဲ့။ meeting ကို အချိန်မီ လာနိုင်ခဲ့တယ်။
네, 제시간에 미팅에 올 수 있었습니다.

(4) ဝန်ကြီး နဲ့ မတွေ့မီ မစ္စတာလီ အစည်းအဝေးခန်းမှာ စောင့်နေခဲ့တယ်။
장관님을 만나기 전에 회의실에서 기다렸어요.

2강

(1) နောက်ကျမှာ စိုးလို့ စောစော လာတယ်။
늦을까 봐 걱정돼서 일찍 왔어요.

(2) ဝန်ကြီး နာမည်က ဦးအောင်ပါ။
장관님 성함은 우아웅입니다.

(3) အတွင်းရေးမှူး လှလှက ဝန်ကြီး အခန်းထဲကို စကားပြန် ခေါ် လာပါတယ်။
비서 흘라흘라 씨가 장관님 방으로 통역원을 데리고 왔어요.

(4) မစ္စတာလီက နိုင်ငံခြား ဧည့်သည်ပါ။
미스터 리는 외국 손님입니다.

3강

(1) မစ္စတာလီက အတွင်းရေးမှူးဆီ အီးမေးလ် ပို့ဖူးတယ်။
미스터 리가 비서에게 메일을 보낸 적이 있어요.

(2) မစ္စတာလီက လူကိုယ်တိုင် မလာခင် အီးမေးလ်နဲ့ ဆက်သွယ်ခဲ့တယ်။

미스터 리가 직접 오기 전에 메일로 연락했어요.

(3) ဟုတ်ကဲ့။ ဝန်ကြီးက နိုင်ငံခြား ခရီးစဉ် များပါတယ်။
네, 장관님이 해외 스케줄이 많아요.

(4) ဟင့်အင်း။ ကတိပေးပါတယ်။
아니요. 약속했어요.

4강

(1) မစ္စတာလီက ဝန်ထမ်း ငါးယောက် ရွေးချယ်မယ်။
미스터 리가 직원 5명을 뽑을 겁니다.

(2) မစ္စတာလီက ဝန်ထမ်း ရှာဖွေရေး ကြော်ငြာ ထည့်ပြီးပြီ။
미스터 리가 '직원구함' 공고를 냈어요.

(3) ဝန်ထမ်းရွေးချယ်ရေး အကဲဖြတ်အရာရှိ အဖြစ် သုံးယောက်က လုပ်မှာပါ။
직원 면접 심사위원으로 세 명이 참석할 겁니다.

(4) အကဲဖြတ်အရာရှိ သုံးယောက်က မစ္စတာလီ၊ မီမီ၊ ကိုရီးယား စီနီယာပါ။
심사위원 세 명은 미스터 리, 미미,
한국인 선배입니다.

5강

(1) Asianhub ကုမ္ပဏီက ရွှေကုမ္ပဏီကို ဆက်သွယ်ပါတယ်။
아시안허브 회사가 쉐 회사로 연락을 취했어요.

(2) Asianhub ကုမ္ပဏီက အသက်မွေးဝမ်း ပညာရပ်ကျောင်း ဖွင့်ချင်တာပါ။
아시안허브 회사가 직업훈련학원을 설립하고
싶어해요.

(3) အသက်မွေးဝမ်း ပညာရပ်ကျောင်း ဖွင့်ရင်
ဂဟေဆက်၊ လျှပ်စစ်စတာတွေကို သင်ယူနိုင်ပါတယ်။

직업훈련 학원을 설립하면 용접, 전기 등을
배울 수 있어요.

(4) Asianhub ကုမ္ပဏီက မြန်မာပြည်ကို လာတဲ့အခါ
ရွှေကုမ္ပဏီ မန်နေဂျင်းဒါရိုက်တာနဲ့ တွေ့ချင်တယ်။

아시안허브 회사가 미얀마 방문 시 쉐 회사 MD와
면담을 하고 싶어해요.

6강

(1) ကုမ္ပဏီ အကြောင်း မိတ်ဆက်နေပါတယ်။

회사에 대해서 소개하고 있어요.

(2) အကြောင်းအရာ သုံးမျိုး ပြောသွားတယ်။

세 가지의 내용을 얘기했어요.

(3) နိုင်ငံခြား ကုန်သွယ်မှု ကုမ္ပဏီပါ။

해외 무역 회사입니다.

(4) ဗီယက်နမ် နိုင်ငံကို တင်ပို့တာ အများဆုံးပါ။

베트남으로 수출을 많이 합니다.

7강

(1) Chairmanကို မြန်မာလို ဥက္ကဋ္ဌ (အမှုဆောင်ချုပ်)လို့
ခေါ်ပါတယ်။

Chairman를 미얀마말로 웃까타라고 합니다.

(2) ၃ -ဥက္ကဋ္ဌ ။

두 – 웃까타 – 부회장

(3) ဝန်ထမ်းလို့ ခေါ်တယ်။

직원이라고 합니다.

(4) အမှုဆောင် ဒါရိုက်တာလို့ ခေါ်တယ်။

전무/상무이사라고 합니다.

8강

(1) ပစ္စည်းတွေကို နောက်တစ်ပတ်မှာ ခင်းကျင်းပြသမှာပါ။
물품들을 다음 주에 전시할 겁니다.

(2) လယ်ယာသုံး ပစ္စည်းတွေပါ။
농기구 물품들입니다.

(3) အိန္ဒိယနိုင်ငံထုတ်တွေ အရောင်းရဆုံးပါ။
인도산이 제일 판매율이 높습니다.

(4) ဟုတ်ကဲ့။ ပြင်ဆင်ထားပါတယ်။
네, 준비했어요.

9강

(1) သတင်းစာ နဲ့အင်တာနက်မှာ ကြော်ငြာချင်တယ်။
신문하고 인터넷에 광고를 내고 싶어요.

(2) မစ္စတာလီက ဒီဇိုင်းကို ဆွဲပါတယ်။
미스터 리가 디자인을 만들었어요

(3) ဝန်ထမ်းက ဘာသာပြန်ပါတယ်။
직원이 번역했어요.

(4) မဟုတ်ပါ။ လက်လီလက်ကား အကုန်
ရောင်းပါတယ်။
아닙니다. 도소매로 판매합니다.

10강

(1) မြန်မာ buyerနဲ့ meeting ရှိတယ်။
미얀마 바이어와 미팅이 있어요.

(2) ဟုတ်ကဲ့။ ပြင်ဆင်ထားပါတယ်။
네, 준비해놨어요.

(3) ကုန်ပစ္စည်းတွေကို စိတ်ဝင်စားသူ ဖြစ်တယ်။
상품에 관심 있는 사람입니다.

(4) အီးမေးလ်နဲ့ ကုန်ပစ္စည်း ကတ်တလောက်တွေ
ပို့ထားပါတယ်။
메일로 상품 카탈로그를 보냈어요.

11강

(1) မီမီဆီက အကူအညီ တောင်းပါတယ်။
미미한테 도움을 요청했어요.

(2) ဟုတ်ကဲ့။ လုပ်ဖူးပါတယ်။

네, 해본 적이 있어요.

(3) မာကက်တင်း ရှေ့ပြေးတွေက ဈေးကွက်၊ ဝယ်သူ၊ ပစ္စည်း ထုပ်ပိုးမှု ဖြစ်ပါတယ်။

마케팅하기 전에 우선적으로 하는 것은 시장조사, 고객, 포장입니다.

(4) ဟုတ်ပါတယ်။ ပထမဦးဆုံးပါ။

네, 처음입니다.

12강

(1) ဟုတ်ကဲ့။ အလုပ်ကြောင့် ပင်ပန်းနေတယ်။

네, 회사 일로 인해 피곤합니다.

(2) ရိပ်သာ သွားဖို့ အကြံပေးတယ်။

수행(명상)센터에 가기를 권합니다.

(3) ဟင့်အင်း။ မနှစ်က စိတ်ပင်ပန်းမှု မရှိပါဘူး။

아니요. 작년에는 피곤함이 없었어요.

(4) လုပ်နေကျ အပန်းဖြေမှုတွေက ဂေါက်သီးရိုက်၊ ခရီးသွား စတာတွေပါ။

늘(으레) 하던 휴식은 골프 치는 것과 여행 가는 것입니다.

13강

(1) မစ္စတာ လီမင်းဟိုက ဦးသန်းထွန်းဆီ ဖုန်းဆက်ပါတယ်။

이민호 씨는 우딴툰에게 전화를 걸었습니다.

(2) မီတင် အောင်မြင်လို့ ညှို့ခံချင်တာပါ။

미팅(비즈니스)이 성공해서 대접하고 싶은 겁니다.

(3) ဒီ အပတ် သောကြာနေ့ အချိန်ရတယ်လို့ /အားတယ်လို့ ပြောတယ်။

이번 주 금요일에 시간이 있다고 해요.

(4) ရှန်ဂရီလာဆူးလေ ဟိုတယ်မှာ ဘွတ်ကင်လုပ်ထားပါတယ်။

생글리라 호텔에 예약을 했어요.

14강

(1) မြန်မာ buyer နဲ့ တွေ့မယ်။

미얀마 바이어와 만날 겁니다.

(2) ဂျင်ဆင်း၊ ရေညှို၊ ကော့စမက်တစ် ပေးဖို့ စိတ်ကူးထားတယ်။

인삼, 김, 화장품을 주려고 계획하고 있어요.

(3) ကော့စမက်တစ် ပေးဖို့ ဆုံးဖြတ်ထားတယ်။

화장품을 주려고 결심했어요.

(4) ဟုတ်ကဲ့။ အကြံဉာဏ်ကို လက်ခံပါတယ်။

네, 아이디어를 받아들였어요.

15강

(1) လစဉ် အစည်းအဝေးကို မနက် ကိုးနာရီခွဲမှာ စတင်မယ်။

매월 회의를 오전 9시 반에 시작했어요.

(2) နောက်တစ်ပတ်ပါ။

다음 주입니다.

(3) မြန်မာလက်မှု လက်ဆောင် ပေးခဲ့ပါတယ်။

미얀마 공예품을 선물로 드렸어요.

(4) နှစ်သစ်မှာ ကိုယ်စိတ်နှစ်ဖြာ ရှင်လန်းချမ်းမြေ့ပါစေလို့ ဆုတောင်းတယ်။

새해에 '몸과 마음이 편안하기를 바랍니다'라고 기원합니다.

ကိုးကားသော ကျမ်းစာရင်း စာအုပ်များ
참고문헌

ပညာကျော်(2007), မြန်မာ - အင်္ဂလိပ် အိတ်ဆောင် အဘိဓာန်

မြန်မာစာအဖွဲ့(1978), အင်္ဂလိပ် -မြန်မာ အဘိဓာန်

မြန်မာစာအဖွဲ့(2001), မြန်မာ - အင်္ဂလိပ် အဘိဓာန်

မြန်မာသဒ္ဒါ(2005), မြန်မာစာအဖွဲ့ နှစ်သုံးဆယ်ပြည့် အထိမ်းအမှတ်

မြန်မာစာအဖွဲ့, မြန်အဘိဓာန် အကျဉ်းချုပ် အတွဲ ၁~၅

ဦးဖေမောင်တင်(1961), ကျောင်းသုံးစာအုပ် မြန်မာဝါကျ ဖွဲ့ထုံးကျမ်း

ဦးထွန်းမြင့်(2007), ဘာသာဗေဒ

ဒေါက်တာရွှေပြည်စိုး(2010), မြန်မာဘာသာစကား

http://dic.naver.com/

http://www.ornagai.com/#/

http://www.shwemom.com/

http://burma.irrawaddy.com/

ကျေးဇူးတင်ပါတယ်။ [제쥬띤바데]

고맙습니다.

감사의 글

어느새 삼십 대에 접어들면서 깨달은 게 한 가지 있습니다. 제가 교훈으로 삼는
것이 현실이 되어 간다는 사실입니다. 제가 꿋꿋하게 믿던 가치는 "학습은 무덤
에 들어갈 때까지 해야 한다."는 것입니다. 포기하지 않고 꾸준히 학업을 계속
할 수 있도록 격려해주신 부모님께 진심으로 감사 드리며, 영혼의 부모님이라
해도 과언이 아닌 진혜 스님과 법혜 스님 그리고 응진 스님께도 머리 숙여 감사
하다는 말씀을 전합니다.

그리고 〈밍글라바 기초 미얀마어〉에 이어 〈밍글라바 중급 미얀마어〉까지 집필
할 수 있도록 지원해주신 최진희 대표님, 정진옥 팀장님, 김새로 대리님, 생활
법칙 및 인생의 경험을 아끼지 않고 조언해주신 박형관 아저씨, Kaung Kin Ko님,
혜림에게 고맙고, 친구인 미미, 퓨퓨 언니, 탯탯 언니, 락빠 오빠, 시호 언니, 선재,
고향의 가족 그리고 제 주변 지인들께 감사드립니다.

웨 노에 흐닌 쏘 (선우) 올림

ကျေးဇူးတင်လွှာ

အခုဆိုရင် လူ့လတ်ပိုင်း အသက်အရွယ်ထဲ ရောက်ရှိနေပြီး ကျွန်မ အသက်နဲ့ အမျှ ကျောင်းပညာရေးမှာပဲ အချိန်တွေ ကုန်ဆုံးခဲ့ပါတယ်။ ကျွန်မ လက်ခံ သုံးစွဲတဲ့ စကား တစ်ခု ရှိပါတယ်။ ပညာဆိုတာ သေတဲ့အထိ သင်ယူသွားရမယ်ဆိုတဲ့ စကားပါ။ ဒီ စကားအတိုင်း ကျွန်မ လေ့လာသင်ယူချင်သလို အထောက်အပံ့ပေးပြီး မြေတောင်မြှောက်ပေးတဲ့ ကျွန်မရဲ့ မိဘ နှစ်ပါးကို ကျေးဇူးတင်ပါတယ်။ နောက်ပြီး စိတ်ပိုင်းဆိုင်ရာ ခွန်အားပေးပြီး အမြဲတမ်း ဖေးမပေးတဲ့ မွေးစားမိဘများ Beophye Sunim ၊ Jinhaw Sunim နဲ့ ဆရာသမား Eunjin Sunim တို့ကို ကျေးဇူးတင်ပါတယ်ရှင်။

နောက်ပြီး <မင်္ဂလာပါ အခြေခံ မြန်မာစကား> စာအုပ် ပုံနှိပ်အပြီး <မင်္ဂလာပါ Intermediate မြန်မာစကား> စာအုပ်အထိ ထုတ်ဝေနိုင်အောင် လုပ်ဆောင်ပေးတဲ့ Ms. Cheol Jin Hee (presi- dent)၊ ကိုရီးယားမှာ နေထိုင်စဉ်အတွင်း အစစအရာရာ ဖေးမ စောင့်ရှောက်ပေးတဲ့ Mr. Park Hyung Kwan၊ စာတွေကို စိစစ်ပေးတဲ့ ကောင်းကင်ကို၊ ခင်သီတာကျော် နဲ့ သူငယ်ချင်းတွေ ဖြစ်ကြတဲ့ မီမီ၊ မဖြူဖြူအောင်၊ မထက်ထက်စိုး၊ Lakpa Sherpa ၊Ms. Shiho Tadachi ၊ ညီမငယ် အိအိနှင်းစိုး နဲ့ မွေးရပ်မြေက ကျွန်မ မိသားစုအား ကျေးဇူးအထူးတင်ပါတယ်ရှင်။

ပြဋ္ဌာန်းစာအုပ်နှင့် ပတ်သက်ပြီး ဝေဖန်အကြံပြုလိုပါက အောက်ပါ အီးမေးလ်လိပ်စာကို ဆက်သွယ်ပြီး ဝေဖန် အကြံပြုနိုင်ပါတယ်ရှင်။

အီးမေးလ်လိပ်စာ - s2sunwus2@daum.net / wainwehninsoe@gmail.com

ကျေးဇူးတင်စွာဖြင့်....... ဝေနွယ်နှင်းစိုး မြန်မာသက္ကရာဇ် - ၁၃၇၇ခုနှစ်

မင်္ဂလာပါ မြန်မာစကား

밍글라바
중/급/미/얀/마/어

생활편 · 비즈니스편

2016년 10월 10일 1판 1쇄 발행

저　자 웨 노에 흐닌 쏘 (강선우)
진　행 김새로
감　수 송은진(한국어)
디자인 최형준
발행인 최진희

펴낸곳 (주)아시안허브
등　록 제2014-3호(2014년 1월 13일)
주　소 서울특별시 관악구 신림동 1523 일성트루엘 5층

전　화 070-8676-3028
팩　스 070-7500-3350
홈페이지 http://asianhub.kr
온라인캠퍼스 http://asianlanguage.kr

ⓒ 아시안허브, 2016
이 책은 무단 전재 또는 복제 행위를 금합니다.

값 18,000원
ISBN 979-11-86908-17-4 (93730)

이 도서의 국립중앙도서관 출판예정도서목록(CIP)은
서지정보유통지원시스템 홈페이지(http://seoji.nl.go.kr)와
국가자료공동목록시스템(http://www.nl.go.kr/kolisnet)에서
이용하실 수 있습니다. (CIP제어번호: CIP2016023283)

※ 이 책의 수익금 전액은 다문화가정 교육복지 지원 사업에 사용될 예정입니다.